争吵的恋人

我们为什么相爱，又为什么争吵

[美] 约翰·金（John Kim） 瓦妮莎·贝内特（Vanessa Bennett） 著
王爱英 译

ZHEJIANG UNIVERSITY PRESS
浙江大学出版社
·杭州·

图书在版编目（CIP）数据

争吵的恋人：我们为什么相爱，又为什么争吵 /（美）约翰·金，（美）瓦妮莎·贝内特著；王爱英译. — 杭州：浙江大学出版社，2024.5

书名原文：IT'S NOT ME, IT'S YOU: Break the Blame Cycle. Relationship Better

ISBN 978-7-308-24601-9

Ⅰ. ①争… Ⅱ. ①约… ②瓦… ③王… Ⅲ. ①恋爱心理学—通俗读物 Ⅳ. ①C913.1-49

中国国家版本馆CIP数据核字(2024)第046580号

争吵的恋人：我们为什么相爱，又为什么争吵

（美）约翰·金　瓦妮莎·贝内特　著

王爱英　译

策　　划	杭州蓝狮子文化创意股份有限公司
责任编辑	张一弛
责任校对	陈　欣
责任印制	范洪法
出版发行	浙江大学出版社 （杭州市天目山路148号　　邮政编码　310007） （网址：http：//www.zjupress.com）
排　　版	杭州林智广告有限公司
印　　刷	杭州钱江彩色印务有限公司
开　　本	880mm×1230mm 1/32
印　　张	7.375
字　　数	168千
版 印 次	2024年5月第1版 2024年5月第1次印刷
书　　号	ISBN 978-7-308-24601-9
定　　价	59.00元

瓦妮莎：

感谢你支持我，挑战我，为我举起一面镜子。感谢你给了我一种全新的爱情体验，让我打开心扉，创造新理念。感谢你与我牵手走过黑暗，拥抱光明。感谢你与我共创人生，而不是为我而活或围着我转。感谢你在我入睡前陪我看《黄金女郎》(*The Golden Girls*)。感谢你清晨毫不留情地催我起床（不是以性感而是以“我爱你，赶紧给我起床”的方式）。感谢你接纳我的不当之处，校对我所有的文稿。感谢你帮我挠背，虽然这让你感到不舒服。感谢你一直做我的伴侣、朋友、知己，并与我一起行进在名为人生的这段疯狂的旅程上。

约翰

约翰：

你仍然是我最大的“觉知”。我感谢你，感谢你为我、为我们、为洛根所做的一切。感谢你挑战我对恋情的定义，让我知道它可以是什么样子和怎样的感觉。感谢你让我懂得我们可以为我们搞砸的事情承担责任，但这并不意味着我们是“坏人”。感谢你始终如一地向我展示真爱是平和的、有耐心的。感谢你对我、我的人生故事和我的未来的支持。有了你，我感觉既有牵绊又有自由，正如释一行大师（Thich Nhat Hanh）所说的那样，这才是爱和被爱的正确方式。

瓦妮莎

序

有一档很火的日间脱口秀节目，在节目的最后，身为关系治疗师的主持人握住观众席上的妻子的手，两人一起沿着 T 台大步走去，仿佛消失在落日的余晖中。这一幕给人的印象是，他们是完美关系的专家，如果你的关系中充满挑战、困难和挣扎，他们就是你需要的榜样。只要你向他们学习，你就可以每天和恋人在爱的欢乐中阔步前行。

但作为心理治疗师，我们可以告诉你：这个节目令我们非常恼火。

我们一直犹豫着要不要写这本书。我们不愿意像这对有点傲慢的脱口秀节目主持人一样，把自己当成“专家”，摇着手指，告诉人们健康的关系“应该”是什么样子。我们还意识到，真正有助于人们拿起书，去寻找关系方面建议的唯一方法，是将我们自己的关系状态毫不隐瞒地告诉他们。这可能意味着，我们不会握住彼此的手，步入落日的余晖中，而是会坐在你对面的沙发上，把我们最深、最阴暗的秘密告诉你——不是听你告诉我们（这是作为心理治疗师的我们经常做的事情）。

事实上，每段关系都是不同的。没有完美的关系，没有人人适用的法则。我们自己的关系也远非完美，尽管我们都是关系方面的心理治疗师，可能是最有资格在这方面“做对”的人。

我们也许拥有让我们可能成为完美伴侣的资格证书，但我们和你一样，都是有缺点的、复杂的人。我们都从许多段失败的关系中学习和成长，都致力于将学到的东西应用在我们的关系中。即便如此，我们的关系也不会总是轻松愉快的，总有完美的沟通、销魂的性爱，以及浪漫喜剧般的日常爱情故事。总之，即使两个人都拥有所有的方法、知识和 10000 小时的有关浪漫关系的心理治疗实践，拥有他们可能正在寻找的“完美”关系，他们也会有争吵、误解、不合时宜的期望、可能破坏未来的过往、完全相左的爱的语言，以及不一样的清洁、锻炼、饮食和养育子女的方式，诸如此类，没完没了。

我们一起写这本书，是希望通过开诚布公地探讨我们自己的真实问题、我们处理这些问题的方法，以及多年来我们从客户那里听到的故事和得到的感悟，来帮助你改善你的关系。我们已经并将继续从以下几个方面学习：审视我们的过去；彼此支持并为我们当下的关系负责；努力实现未来的共同目标，包括继续拓展自己、加强亲密关系、与原型自我建立更牢固的联结和关系。这本书不是告诉你如何做事，而是希望你在别人的故事中看到自己，获得洞察力及在自己的生活中再次尝试的方法。或者，这一次你可以用不同的方式尝试。

原型自我（Self）：卡尔·荣格（Carl Jung）认为，原型自我指的是“一个人的完整性”。

本书探讨的不是“火星与金星”[①]，也与性别、年龄、你是否结婚或订婚，甚至是否是常规的恋爱关系无关。这是一本关于关系动态的书。你的关系结构怎样或者看上去怎样都不重要，重要的是你希望它给你怎样的感觉。

我们都读过感觉有点脱离实际的关系方面的自助书，它们可能声称给了我们“方法”，但感觉像是临床诊断，好像作者正从眼镜框上方看着我们，告诉我们“应该”怎样把事情做“正确”。我们也都读过非专家写的书，这些书可能给了我们很多个人的见解和建议，但很难保证对某对伴侣奏效的东西对你同样有效，因为这些都不是通过对许多对伴侣的成长变化进行长期跟踪或实践得出的结果。让我们面对现实，我们已经有了一些可信度很高的深入研究，这些研究中的伴侣改善了他们的关系，而且一起生活了足够长的时间，这证明这些做法确实是有帮助的。

我们希望本书结合了上述两种方法。我们了解科研和理论知识，见证过数百甚至数千名客户的有效或无效的做法，而我们也是拥有自己的人生故事、历史包袱和情感创伤的人。我们是日复一日彼此支持、坦露脆弱、保持联结、遵守承诺的两个人，同时也是在当今这个疯狂的世界里共同抚养孩子的两个人。只是我们正好也是心理治疗师而已。

---

① 此处指美国心理学博士，国际知名的人际关系和情感问题研究专家约翰·格雷（John Gray）所写的《男人来自火星，女人来自金星》（*Men Are from Mars, Women Are from Venus*）一书。——译者注

爱情本身是一个活生生的东西。它没有形状，也没有用户手册。我们都在不断地学习、成长、进化，并尽我们所能一起守护它。

约翰、瓦妮莎

前言　美国噩梦

客户来我们这里进行心理治疗的一个最常见的原因，可以追溯到一个我们称之为“美国噩梦”的故事。

它就是诺曼·罗克韦尔（Norman Rockwell）[①] 画作中的故事。杰克从小便认识黛安娜。（虽然这里使用的是传统的男子名和女子名，但我们会看到这一故事将以许多不同的关系动态展开。[②]）也许他们在高中或者大学或者 20 岁出头的时候，擦出了火花。他们都相信找到了自己的“真命天子（女）”。现在他们可以真正开始生活了。他们以最快的速度向尖桩篱栅 [③] 奔去。他们结婚，生子，买了一辆混合动力的 SUV。因为这就是幸福的模样，对吧？这就是“美国梦”。他们站在崭新的房子前，四目相对，沉浸在爱河中。他们的房子是用高息贷款买的，因为如今几乎不可能在保持良好信用的同时存下首付款。他的手放在她的肚子上，这表明他们快要生孩子了。这成了他们脸书上的封面照。接下来，现实袭来，包括账单、尿布以及开始成人生活所需要的一切。

---

① 诺曼·罗克韦尔（1894－1978）：美国著名画家，插画家，其作品横跨商业与爱国宣传领域。——译者注

② 为了保护隐私权，本书中的某些人名及特征已做更改。

③ 尖桩篱栅（picket fence）：美好家园的象征。——译者注

这不是噩梦，尽管大多数人认为是。这只是根据我们父母传下的蓝图，以及无人真正谈论过的养育孩子和按揭买房的冷酷现实而创作的一幅画作。我们非常了解这幅画。这正是父母和（或）社会未经我们同意便将其挂到客厅，被我们一把撕下的那幅画。所以，我们认为“美国噩梦”不适合我们。我们知道尖桩篱栅上有扎手的尖角，我们也许可以尝试一条不同的道路。

在我们这代人的故事版本中，黛安娜将她 20—30 岁这段时间花在探索她的性取向，以及与她的精神自我建立联系的成瘾药物上面，杰克则是更精明而不是更勤奋地工作，因为他创建了多家新企业，而不是去公司打工、晋升。两人 30 多岁时通过约会软件相识，因为黄金生育年龄即将过去，所以很快要了孩子。或者，杰克和黛安娜相识时不到 20 岁，他们决定不要孩子。他们没有搬到郊区，而是在市中心买了一套公寓。他们逐渐形成一种共处模式，在这种模式下，他们没有交换誓言，而是开放关系和交换伴侣。

许多人最后都坐在了我们治疗室的沙发上，他们以为自己避免了噩梦，因为他们并没有沿袭父母或传统的老路。但是，他们最终还是一样来接受心理治疗，因为噩梦不是由孩子、房子、职位或婚姻造成的。你正在描摹哪一种蓝图并不重要，引起噩梦的是蓝图背后的东西。没有人教过你如何建立健康的人际关系，你也不了解依恋风格及其对关系的影响，你对不同的爱语、依赖共生关系以及打破重复模式的重要性一无所知。没有人告诉你，“瓶中闪电”[①] 其实可能是功能障碍，而不是“化学反应”。我们从来没有学会如何创造一个安全的空间，如何

---

① 瓶中闪电（lightning in a bottle）是指一见钟情、“来电”的感觉。——译者注

有效地沟通，以及如何不战而战。

所以我们把事情按下去，伪装、逃离、隐藏、麻木。然后，有一天我们醒来，意识到我们并不快乐。我们来到伴侣治疗室倾诉愤怒，但我们没有做任何努力，我们只是走过场，因为我们不想做坏人。或者，现在为时已晚，我们走开太远了，已经无法回头。到了这一刻，仅仅学习原谅他人的办法已经不能解决问题了。感情已经彻底改变，我们坚信我们和错的人在一起。我们想退出。

黛安娜的个人成长已经超出杰克。或者，杰克的情感（和/或身体）需求可能从其他人那里得到了满足。现在，他们离了婚。刚开始，他们感觉很自由。接着，现实再次袭来。单身生活不易，尤其是带着孩子。此外，他们已经不是二十几岁了，加上身体内嘀嗒作响的时钟和当今“有毒”的约会刷屏文化，他们可能开始感到绝望，觉得自己老了、落伍了。他们可能开始内化这一想法，相信自己不够好或有问题。或者，他们妥协了，跟遇到的随便哪个人开始一起生活，这样就不必孤单一人。接下去，这一模式不断重现。他们仍在噩梦中，因为他们没有在自己身上做任何真正的努力。

现在杰克和黛安娜已经30多岁、40多岁，或者50多岁了，这取决于他们踏上内心之旅或觉醒之前，又经历了几段关系。然后，有一天他们受到了触动。也许是在咖啡店，他们无意中听到一对年轻人像他们过去那样诋毁对方的人格，他们知道这段关系将如何结束；或者是在浴室的地板上，为了又一次的分手，哭着度过了一个漫长的不眠之夜之后。不管怎样，他们的关系结束了。他们知道自己需要改变，他们再也不能这样下去了。他们已经失去了一些宝贵的东西，不只是时间，还有他们与自己的联结。他们跌入了谷底——这是我们接到他们的电话、邮件和短信时候的感受。

终于，他们愿意向内看，在自己身上做努力；终于，他们真的想了解关系动态以及他们不健康的模式，审视他们的人生故事和思维模式，从而治愈旧伤；终于，他们愿意参加嗜酒者匿名互诫会，阅读自助书籍，而不是只购买，去看心理治疗师，而不是拖到“必要时”才去；终于，他们有机会真正去建立一些可持续的、有意义的、永恒的东西；终于，他们开始努力改善与自己的关系；终于，他们从噩梦中醒来。

这样的事情不只发生在我们大多数客户身上，也发生在我们两人身上。我们也有过类似的经历。我们都没有孩子，也没有挂在树上的秋千，但我们都曾经结婚、离婚，或者订婚、分手，追逐梦想而不是审视其背后的蓝图。我们不顾一切地用力爱过，也认识到爱的浓度和激情不足以建立和维持一段关系。我们迷失过自己，但这不是我们的错。从来没有人教过我们如何建立健康的关系。我们像其他人通过成长过程中看到的广告和电影，通过许多痛苦，通过压抑情感来学习。我们被动反应而不是积极回应。我们不知道设定健康的界限或建立强烈的自我感，不知道如何沟通。我们没有承担责任或创造安全空间的能力。我们急于寻求肯定和认同，太过迅速地进入一段关系，而没有发现（或注意到）危险信号。我们不知道如何独处。我们逃避、隐藏、麻木。

这就是我们写作本书的原因。

我们都是通过经历许多段关系、开启内心的自我之旅（我们仍在旅程上）、接受心理治疗、学习心理治疗，以及帮助成千上万人改善他们的关系，来学习如何拥有更好的自己的。瓦妮莎觉醒时 31 岁，那是在她解除一场婚约，从纽约搬到洛杉矶重新开始之后发生的。我以为我是在离婚之后 35 岁时觉醒的，事实上，直到 40 岁我才真正觉醒。在几乎没有意识到问题所在的情况下，我又经历了几段关系，重复着不健康的旧模式。

这本书是我们自己个人爱情课程的积累，也是我们在做心理治疗时学到的东西。这是我们希望我们年轻时就知道的所有东西。因为，如果我们知道，我们从噩梦中醒来的时间就要早得多。

让我们设定一些期望，再澄清几件事来结束本节吧。我们已经说过，这些东西我们还会再重复学习几次，甚至可能是很多次。我们不完美，我们还在努力。有时候（很多次）我们又回到了旧模式，但我们一次又一次地接受挑战，从发生的事情中吸取教训，然后再试一次。我们会反复思考，从各个方面进行检查，承担属于自己的责任，然后改进提高。

我们没有结婚。我们并不反对婚姻。约翰以前结过婚，瓦妮莎订过婚。在人生的这个阶段，我们只是觉得婚姻不是必要的。我们两个人都觉得，过去的婚姻就像一份任意的合同，合同中“我永远忠于你，你也永远忠于我”，并不意味着“我将继续成长，照顾好自己，承担责任，疗愈旧伤，并与你一起努力建立和发展一段可持续的、茁壮成长的关系”。也许，婚姻是一方认为双方所“必须”做的事情，因为其他人都是这么做的，又或者，婚姻会让对方觉得我们真的会履行承诺，忠于彼此，从而神奇地缓解他们（或我们）对被抛弃和不被爱根深蒂固的恐惧。

谁知道呢？也许有一天我们会结婚，但现在我们对我们正在经营的生活感到很满意。我们坚信我们会致力于共同的学习和成长，即使这只意味着我们现在在一起，而不是永远在一起。

Contents

目　录

第一部分

PART 1

挺过冲突

第一章　终于，遇到一个有办法的人

瓦妮莎

我只有过几次“觉知”，那种即时的、强烈的感觉，让我觉得我走在正确的道路上，或者某事真的是命中注定的。其中一次便是我预知到，我和约翰会在一起。当人们问起我们是怎样相识的时候，我仍然会十分肯定地回答：“是我发现的他。”现在我意识到，我的觉知并不总是包含所有的重要信息，比如事情是否顺利，感觉是否良好，或者它们会持续多久。

在我真正见到约翰的几个月之前，我的一个好朋友把他的照片墙（Instagram）账号推荐给了我。这个朋友已经关注约翰一段时间了，并对他在平台上谈论的许多内容很有共鸣。约翰的分享偶尔会出现在我的订阅里，但坦白来讲，我从未在上面停留多久，即使我觉得不错，我也只是点个赞或者分享出去。

然而，不知怎的，有一天在看了他的一篇帖子后，我停下来开始深挖。我希望我能记得那篇帖子到底说了什么，不过我因此进入约翰的主页，开始滚动阅读。我点击查看了他所有的图片和转发，阅读了他的几篇博客，听了他在几个视频中的讲话。

我感觉到了什么，但很难准确地指出那一刻他引起我怎样的感觉，或者为什么会这样。在经历了让我痛彻心扉的分手后，我当时正从抑郁症中走出来。那是我第一次患上抑郁症。我知道悲伤和痛苦，渴望和遗憾，但每当其他人甚至客户向我描述抑郁症时，我却无法真正感同身受，因为我什么也感觉不到。然而在这次重新发现约翰的社交账号的前几个月里，我的状态非常糟糕。我不想从沙发上爬下来或者见任何人。我几乎不吃饭、不锻炼。我处在与自己无法和解的困境中，知道在这种投射状态下继续约会意味着什么。它意味着，我与一个人约会是因为他们“可能是谁”；意味着我选择无视危险信号，因为那不符合我脑海中对他们或我们的叙事；或者意味着，我爱上我以为真实的他们，却没有看到他们是混乱、复杂的人。在过去的几个月里，我摸索着向前走，终于走到了一个地方，让我认识到我的模式并决心改变它。

投射：把我们自己无法看到的自身的组成部分投放到身外或他人身上，要么是因为我们潜意识这样做，要么是因为我们觉得那些部分是不可接受或令人羞耻的。

我通过短信把约翰的帖子分享给我的那位好友。我给她的信息是：“我觉得这家伙非常有魅力。据我所知，他单身，住在洛杉矶，我们有一个共同的朋友。我要和他约会。”她的回答是：“哈！是的，好啊。他有大约 7 万粉丝。你要和他约会，是吧？”我回答道：“是的。”

一个同步发生的重要细节可能点燃了我的自信。我已经和我们的共同好友贾森约好去远足，我决定趁此机会向他打听一下约翰。和贾森远足时，我们谈论着我最近搬来洛杉矶的事以及我的职业转型，我的用意是跟他提起约翰，然后让他把我的电话号码转给约翰。但还没等我开口，贾森就看着我说：“我有一个朋友，我觉得你跟他真的很合适。他在照片墙上的账号名是‘愤怒的治疗师’。”

我装作很镇静的样子：“哦？我想我不认识他。”在接下来的20分钟里，贾森向我介绍了约翰的情况。但是在我同意他把我的电话号码给约翰之前，有一件事我需要问清楚。我问贾森：“他和白人女孩约会吗？”这是一个奇怪的问题，我知道，但我最近一次分手就是因为一个男人在和我约会5个月后，相当认真地告诉我，他看不到我们的未来，因为我是白人。这件事让我伤心欲绝，几乎无法从沙发上爬起来。虽然我尊重并理解他与他的文化之间的联系，但我仍未从那次经历中走出来，我不想再次受到同样的伤害。贾森说他会和约翰核实一下，同时把我的电话号码给了约翰。

当天晚上，约翰给我发了短信。当时我坐在瑜伽垫上，正准备上课。我的心跳了起来。对我来说，整件事的进展实在太疯狂了。我一直以主动派的行事方式著称。一旦我下定决心做某事，仅凭我的专注和决心，通常就能做成，但这件事给我的感觉却是有决心还不够。我觉得好像有什么更大的、我无法看见或理解的东西在起作用。

我们谈笑了一会儿，然后他安排了一场“真正的”约会。他预订了周日的晚餐。没有“出去喝杯咖啡”，没有“我们去喝一杯”，一开始便是真正的约会。这给了我很深的印象。

从第一次约会我就非常清楚，约翰拥有一些我从未在其他男人身上发现的东西。我约会过自我意识很强的男人、擅长冥想和照顾自己的男人、能说会道的男人，但约翰看我的样子能够让我解除戒备。他看着我，让我觉得他真的在倾听。好像他在努力理解这一关系动态，深入挖掘，并探索这是否不只是相互吸引。我觉得他和我一样，对打破旧模式和改变自己在关系中的参与方式感兴趣。

我们都是渴望剖析人际关系和人生经历的心理治疗师，这让我有了一种以前与任何人从未有过的联结。我们交谈时，能够如此迅速地穿过我们的表层进入我们的核心，我愿意永远停留在那种深度联结中。

我很想说，从那个时刻开始，我们如故事书般的浪漫便展开了，但事实并非如此。我们交往最初的几个月是我经历过的所有关系中最为艰难的一段时间。我觉得我们没有“蜜月期”，因为约翰大部分时间都在质疑这段关系，我大部分时间都在试图确定这段关系是否值得我为之奋斗。

四个月后，他邀我一起去哥斯达黎加做半工作式旅行。他想借着旅行与我共度一段时光。在经历了几轮对我们关系的质疑和疏远，让我觉得自己没被选中之后，他通过邀请我和他一起旅行，最终选择了我，对吧？这个邀请让我觉得他可能终于明白他真的需要我，需要我们。所以，尽管我仍然被怀疑和不安全感所困扰，我还是跟他去了。然后“嘭”的一声，同一模式——看似选择了我，然后又改了主意——再次出现。就在旅行的中途，他在情感上退缩了。他变得古怪，变得内心封闭。他做得再明显不过了，他不需要我，不想和我在一起，不想在我身边，这让我差点情绪崩溃。当他对我说他“不了解”我们时，我再也控制不住自己，我哭了。这是我第一次在他面前哭，而且我记得很清楚，我流着泪告诉他，我们应该分手。

第二天早上，我在吊床上俯视着热带丛林的树梢，在社交软件上跟远在天边的两个朋友剖析了这一情况。“去他的，我受够了。我们一回去，我就结束关系，我跟他完了。”我记得最初把约翰的照片墙推荐给我的那个好友表达了她的失望，说约翰描绘出的他的样子并不是他真实的样子。“我不敢相信他把你带到一个与世隔绝的地方，然后扔下这枚‘炸弹’。去他的。”我们一起又骂了几句“去他的”，我擦去眼泪，深吸一口气，然后冲澡去了。我们的旅行还剩下四天时间。

在那四天里，我做了我经常做的事：我把这一切埋在心里，脸上露出笑容，以确保没人觉得我需要他们的照顾，甚至注意到我在伤心。我们就这样结束了旅行，其间没有发生任何明显的冲突。

就是在那次旅行中，我所有的投射开始在我眼前实时地消失了。我突然强烈地意识到，也许我把约翰捧上了神坛，只是因为他是一个对自己和对人际关系进行深刻书写的心理治疗师。他说起话来像专家一样，但在现实生活中，他向我展示的是什么呢？他只是另一个有亲密关系问题但还没有解决的家伙；另一个说一套做一套的家伙；另一个对自己所做的工作夸夸其谈，但在需要付诸实践时，却躲在过去和恐惧后面的家伙。他让我觉得他不需要我。在我试图说服他他需要我时，我已经说服我自己，我需要和像他这样的人在一起。

在哥斯达黎加旅行期间，我意识到我对约翰非常生气，但也感到很尴尬——我不该只因他是一位心理治疗师，就认为这段关系会与以往不同。

约翰

当贾森跑来问我“你和白人女孩约会吗？”时，我觉得受到了冒犯。这个问题有种族歧视的嫌疑，但我知道他不是这个意思。更何况，我们当时在健身房，人们通常会在那里说些废话，言语有点放肆，表现出大男子主义。我答道：“我可以和所有女孩约会。”然后他说，他想给我介绍一个心理治疗师，我再次感觉受到了冒犯。我告诉他我不只和治疗师约会。“你到底怎么啦？”我想。但贾森想着我，我心里其实很感动。

我有段时间没有约会了，因为我处在“故意单身”的状态。这是我想出来的一个办法，为的是在独自一人时的自由时光里培养和发展自我意识。我之所以想出这个主意，是因为我有一个过快进入一段长期关系的可怕模式。我遇到一个人，我们之间有了联结，接下来马上就是我们一起吃早餐，然后小心翼翼地相处，最后分手。所以，尽管我很感动贾森想着把他做心理治疗师的朋友——那个白人女孩——介绍给我，但我告诉自己：约翰，你不要进入一段长期关系。

我发誓只约会，去做那些让我感觉不安全和让我觉得自己很糟糕的事情。我厌倦了承诺，我想体验沉湎酒色的生活，在不喜欢的人身边醒来。你明白我的意思。

也许你需要多了解一点我当时的情况。我在 20 多岁到 30 多岁之间，谈了一场以结婚告终的恋爱，但真正的告终是后来又以离婚收场。这段关系在我年轻时几乎完全占据了我的头脑空间①，我总是怀疑自己错过了某些经历。这话听起来可能很怪异，但我现在打算体验一下我的许多客户试图撤销的那些经历。我想知道他们的感受是什么。

但那些都没有发生，除了一些零星的约会、一个纯粹的放纵之夜，以及与一个不久前网上认识，终于线下见面的网友的聊天。那种感觉更像是露天看台下的两个高中生，而不是疯狂的一夜情。尽管感觉还不错，但也就那样了。事情永远不会像你想象的那样展开。

---

① 头脑空间（headspace）：一个人的心理和思维空间，通常用来描述一个人在处理问题、思考或决策时的心理状态。——译者注

然后，瓦妮莎出现了。贾森给了我她的电话和社交账号。我浏览了她的整个照片墙之后（我一直追看到她发的第一篇帖子，尽管这样的事大家都假装没有做过），约她出来，到我公寓隔壁的一家餐馆共进晚餐。那家餐馆离我家很近，基本上就是扔个硬币的距离。并不是我在犯懒，那家餐馆是我最喜欢的，也是她想尝试的一家餐馆。

就约会来说，我觉得是个惊喜。我们不巧把对方打包的剩饭带回了自己家，这成了我们再次见面的理由。但我感到困惑，因为我的大脑不知道该怎样将这件事归档。我知道我不想开始一段关系，不想结束故意单身的状态，但是她想。后来，她触摸了我，是真的触摸。她的触摸让我感觉不同。我知道这听起来很做作，却是真的。她的触摸有一种我以前从未感受过的舒适和平和。这种感觉迟迟没有消退，这让我更加困惑了，而这种困惑将为这段关系的最终失败埋下隐患。事实上，这不是困惑，是我在否认这段关系而不是正视它。我转过脸去无视事实，顺其自然，因为这样让我感觉很好，让我觉得合乎情理，而这正是我不负责任的地方。

跟瓦妮莎不同的是，我没有因为她是一位心理治疗师而松口气。正好相反，我屏住了呼吸。因为我可能最后露出原形。我可能再也不是关系方面的"专家"了。她可以指出我的问题，不会仅仅因为我有专业资格证书就认为是她错了。我再也不能躲在理论、概念以及有超过一万小时帮助人们处理关系的经验后面了。瓦妮莎是我的克星，我遇到了对手，我吓坏了。

我连本带利花了六万美元学习情商。我很努力地学习这些处理情感的方法。在潜意识里，我觉得我需要这些方法来弥补我外在的不足。我把我作为心理治疗师的知识当作对抗不安全感的盔甲，我终于把围嘴换成了披风，一件我在自己的关系中自豪地披着的披风。人际关系和个人发展是我的专业，从来不是她们的。这让我可以轻易逃避、隐藏、不承担责任、每次都把话题转移到对方身上，就像我们接受培训时所学到的对待客户的方式一样。

但我的专业知识也阻碍了我在自己身上做努力。在“愤怒的治疗师”的背后，仍然有一个心理不健康的、爱嫉妒的、控制欲强的、防御性强的男孩。瓦妮莎将是第一个发现他的人。

瓦妮莎

尽管我们在一个浪漫的小酒店，以美好的食宿体验结束了哥斯达黎加之行，但我并没有完全“在场”。我在心里琢磨着接下来的几周应该怎样处理我们的关系。回到洛杉矶后，我做了一个决定，我要打破这个不再适合我的关系模式。

无论在浪漫关系还是在其他关系中，我再也不会把我的自我价值建立在对方是否选择我的基础上。为了被选中，我一直都在扭曲真实的自己，我告诉自己：不要招惹麻烦；说正确的话，不要讲错话；做个不太黏人的酷女孩；不要有任何需求；要性感，要让他们想要你，但又不要那么性感，以至于他们只想要那样的你；要风趣，但不要讲太多；不要太外放；始终保持兴趣；喜欢他们喜欢的东西；给予、给予、给予，但不要索取。我已经疲惫不堪了。

在那次旅行中，我意识到如果我不选择自己，谁选择我都没用。在这段关系和以后的任何关系中，我希望我能够做自己，完全真实的自己。但这完全取决于我。也许我对约翰的觉知并不是我会跟他在一起，而是他将进入我的生活——这很重要，因为这会让我终于可以面对自己，相信自己是值得选择的。

我花了多年时间接受心理治疗，学习相信自己，学习倾听自己的内心和直觉。我终于听它的话，离开了上一段关系。多年来，我的内心一直在告诉我，那段关系对我们两个人都不合适，是放手的时候了，然而我还是留下来，与之抗争，勉强维持，直到最后爆发，才结束那段关系。我觉得我终于吸取了教训。当我收拾行囊，独自穿越这个国家，把我知道的一切和我爱过的每个人都留在身后时，我告诉自己“我选择我自己”。但在我来到洛杉矶后经历的两段关系中，我又回到了踢踏舞的旧模式——为了被选中而表演。现在是约翰，他给了我最好的礼物——行动起来的机会。

所以，从哥斯达黎加回来几天之后，我告诉约翰我需要时间考虑一下，我想断联一周：不发短信，不打电话，也不见面。在那一周我明白了，这不是他的问题，这是我的问题。是的，我已经爱上了约翰，我内心有个声音尖叫着，要不惜一切留住他，要他留下来，不要“抛弃”我。但我没有听从那个声音，在那周的周末，我让我的直觉说话。

我请约翰过来谈一谈。他手捧鲜花出现在我的面前。我把我的想法告诉了他。我说：“我再也受不了这种忽冷忽热的感觉了。前一秒你还需要我，下一秒就把我晾到了一边，我不知道怎么办才好。你冷淡，心事重重，甚至断联。这让我没有安全感，就像我不能信任你或我自己一样。我不指望你现在就明确，你是否想永远和我在一起，我甚至不知道我是否想永远和你在一起，但是你要么留下，要么离开。要么继续期待这段关系会如何发展，我们是否会共同创造些什么，要么就此打住。”我几乎要对他说“别占着茅坑不拉屎”。

他的第一反应是：“我以为你今晚叫我过来，是想和我分手。”然后他说：“我很抱歉让你没有安全感。这是我的问题，不是你的。我留下。”

问问你自己

为了被选中，你在生活中的哪些方面表现、表演或敷衍？你的行为看起来怎么样？你是否能够坦诚地对待自己和他人，不管他们是否有可能不喜欢或离开？在你没有真实展现自己的那些时刻，你的身体有什么感觉？当你把真实的自己隐藏起来时，你还记得你选择了自己的某个时刻吗？你还记得当时的感受吗？

练习

当然，当我们决定选择自己的时候，可能正面临一些重大的时刻，这些时刻令人惊叹，甚至充满力量。但是每天倾听我们的觉知，倾听我们的直觉，是一生的练习。密切注意你为了避免招惹麻烦，选择表达或者沉默的那些时刻。留意那些你隐藏自己需求的时刻，逃避艰难谈话的时刻，或者你脑中的叙事告诉你“这不值得”或“这有什么意义？”的时刻。

一段关系中所有这样的微小时刻，都是你选择自己的机会。当你意识到自己的恐惧，但仍然大胆说出来的那一刻，你就在提高直觉的音量，你就在告诉自己，你配做出选择。正是在这些微小的时刻，你作为人的配得感和价值感开始发展和加强。把每一个这样的时刻都看作一块积木；每铺设一块这样的积木，你就为原型自我打下了一份基础。

第二章　“从此幸福地生活在一起”是胡扯

我们从小看迪士尼电影和浪漫喜剧，手按胸口，发誓等待我们的“真命天子（女）”出现，仿佛在失去之后又找到了我们一样拥抱我们。我们都被骗了，竟会相信有一个“真命天子（女）”，一个注定与我们共度余生的完美的人，这个人可能骑着白马或者开着普锐斯车[①]来到我们身边。不管怎样，只要我们找到这个人，一切就会就位。我们最后会变得幸福、完整，住在城堡里，或者蓝色的环礁湖上，或者两层楼的高级住宅里，开着相配的宝马车，养育着两三个漂亮的孩子，过着安宁和谐的生活。

事实上，我们每个人在30多岁的某一刻都会醒过来，意识到“从此幸福地生活在一起”是胡扯。建立和维护关系需要大量的工作，我们不是唯一意识到这一点的人，大多数成年人最终会接受这样的事实：“真命天子（女）”是一个幻想，在我们的一生中，我们最终可以和许多不同的人拥有一段健康、幸福、美好的关系。

但是，在客户开始接受心理治疗时，我们不得不明确告诉他们要放弃“真命天子（女）”的观念。大多数客户无法自己悟到这一点。实际上，把“真命天子（女）”这一观念当作安全毯一样紧紧抓住，剥夺

---

① 指丰田普锐斯，这是一款油电混合动力车，进入美国市场后获得很好的评价与市场反应，可以说美国是其最大的市场。——编者注

了他们努力改善自己的关系的机会，因为他们无论何时感到何种不适，都会给自己找到逃避的借口。

“总有一个完美的人适合你，所以你不用努力提升自己和改善关系”，这听起来是不是很熟悉？这个根深蒂固的观念是否曾经让你相信，你可能和错的人在一起，分手是唯一的出路？“真命天子（女）”的观念是病态的，其作用是黑暗中渺茫的暗色亮光，而不是桥梁，因此，我们不是建立一段健康的、可持续的关系，以沟通彼此的差异和不协调的地方，而是吹毛求疵，感到沮丧，觉得有资格得到我们的白马王子或公主，并且想知道他们在哪里，会不会来拯救我们，或者让我们变得完整。

矛盾心态的[①]阻碍我们真正地了解爱，我们无法打破旧的蓝图，审视自己的内心并不断成长。它让我们一只脚在关系内，另一只脚在关系外，造成信任感和安全感的缺失——这是一种最具破坏性的关系动态。

我们在这里讨论的不是那种当你知道她的电影品位很差时产生的矛盾心态，也不是当你决定你是否可以先假装喜欢他古怪的恋物癖（比如他做爱时咬你的大脚趾），直到你觉得足够安全时再告诉他实话的矛盾心态。我们指的是与“我爱你”完全相反的另一面：当你穿越拍岸巨浪（详见本书第二部分）时，当你错误地触发了对方的防御机制时，当你对自己说这次将与以往不同时。如果你此刻继续忽冷忽热，仍然用语言或行动告诉对方，你对所有这些都不确定（或者更糟糕，你的语言与行动相互矛盾），那么你就在给你们的关系制造裂痕。随着时间的推移，

① 矛盾心态（ambivalence）：对同一对象同时存在两种对立的情绪或态度。——译者注

那面墙便会崩塌。或者更准确地说，那张桌子便少了一条腿，而三条腿的桌子总会翻倒，只不过是时间早晚而已。这不是我们在心理治疗学校或者在帮助成千上万名客户的实践中学到的东西。这是我们从我们自己的关系中学到的，并在我们目前的关系中继续努力改进的东西。

约翰

我希望瓦妮莎会说些挑逗的话来回应我在性方面的暗示，让我知道，我们的关系中仍然流淌着一些让人热血沸腾的东西。然而，她以典型的瓦妮莎方式合乎逻辑地一次次回应我——她又“向左转”而不是“向右转”了。我想让她跟着我走，对我说点调情的玩笑话，把“球”打回来，但她的回应根本不是我想要的。这再次凸显了我们之间的差异，让我想起我们关系开始时的状态，这提醒我，我们的思维方式、调情方式、爱的方式都不一样。

这意味着她不是合适的人，对吧？

即使是以研究这类问题为生的心理治疗师，也会把这个问题搞错。在经过哥斯达黎加的矛盾心态和疑虑之后，我们又在一起生活了几个月。我决定采用不同的方式处理问题，然而，得到她“不配合”的回应，我感到很扫兴。我本想怀着好奇心找到我和瓦妮莎之间的调情动态，现在我对我们能否找到这一动态产生了怀疑。那天剩下的时间我都心不在焉。我变得疏离和退缩。在那一刻，我的矛盾心态让她对我的信任再次出现裂痕。

矛盾心态以什么形式出现并不重要。它的破坏性也不一定明显，毕竟明显的东西总是显而易见的。它是日常生活中的微妙时刻，是你没有意识到的事情，所以你不知道它造成的破坏。就像我在冰淇淋事件之后退缩回来一样，虽然只有几个小时，但能量是可以感受到的。这样的时刻在关系中就像被纸划伤的地方，最终会开始出血。举例来讲，微妙的矛盾心态可以表现为：制订你不会执行的计划；当你的伴侣问你话时不做回应；对你们的谈话不感兴趣；不问你的伴侣过得怎样或他们的瑜伽课怎样；不参与制订计划；忘记他们让你做的事；给自己做东西吃而不问对方想不想吃；不说再见就溜出门——这样的例子不胜枚举。

我的矛盾心态一直向瓦妮莎传递的信息是“我不会选择你”。我当时并不知道这一点，但那就是我的忽冷忽热所表达出来的。不，那不是我的本意。我以为我跟她处在这段关系中就是默认选择了她。但是选择一个人不是一次性的决定，而是日复一日、每时每刻的行动。每次我感到矛盾并表现出来时，我给瓦妮莎的信息就是“我不会选择你”。这是潜台词，是发生在表象之下的东西，很容易触发她的防御机制。

根据我们的经验，矛盾心态是现代关系中的一种流行病，也是发生冲突时需要尽早解决的关键问题，否则，它将对关系的进展产生不良影响。

现在我们再深入一点。我的矛盾心态究竟来自哪里？因为这不只与瓦妮莎没有按我期望的方式与我调情有关。它比性欲更深层，它源自大脑一侧的逻辑、情感和期望。我的矛盾心态主要来自“真命天女”这一扭曲的观念。跟你一样，我从小时候起，就被灌输了寻找“真命天女”的观念。广告、爱情喜剧、我的父母、更衣室的伙伴，他们都告诉我，等我长大了，我必须找到我的“真命天女”。当我走进一个房间，与对方目光交接，我在内心深处便会感觉到这是不是我的“真命天女”，就会知道我会不会与她共度余生。

好吧，我以为我找到了那个人，但那段关系以离婚告终。然而，我非但没有放弃这个观念，反而觉得它像钳子一样越来越紧，力度越来越大。既然那个人不是我的“真命天女”，那么我的“真命天女”一定还在别的什么地方，于是我便继续寻找。当我找到让我感兴趣的人，但接下来的事情没有按照我所期望的样子发展时，我便感到了一种压力，我想知道这个人是不是我的“真命天女”，而这给我们的关系投下了不公平的暗影，导致我事后猜测、控制，并最终疏离。“真命天女”的观念就像扣在蜡烛火焰上的玻璃罐，它扼杀了我们的爱，不允许新的爱情生长。在我最终意识到“真命天女”这一理念的问题之前，新的爱情不会产生。

可悲的是，我目睹过矛盾心态对客户的关系造成的影响，我本应该知道不要把这种能量带到我自己的关系中。因为当你感到矛盾时，你对伴侣造成的伤害是极其严重的。我的矛盾心态来自我期望瓦妮莎成为某种样子，以某种方式行事，以某种方式爱，因为如果她符合那个由社会、广告、更衣室和我的其他爱情经历所创造的框架，她才是我的“真命天女”，那么我也就不用去别处寻找了。然而，当我把我的期望投在她身上时，她所感受到的却是我忽冷忽热的态度或无缘无故的冷淡、没有回应、不感兴趣、有话不说以及轻视。总之，我给她的感觉就是——我没有选择她。

而一旦我意识到我所有的矛盾心态都源于“真命天女”的观念，以及它给瓦妮莎传递的信息就是“我不会选择你”，我就能够消除它了。怎么消除？我打碎了那个框架，扔掉了条目清单，抛掉了期望。或者说，至少我尽我所能做到了。这不是一夜之间发生的事情，直到今天我还在努力。但是我知道某个东西的来源会削弱它的威力。就像你在预告片里看到化妆师把演员装扮成了怪物，然后幕布拉开，谎言暴露，真相也被揭开了。

当我能够看到真相时，我发生了根本性的转变。我开始在差异中发现美。我发现了我喜欢瓦妮莎的地方，这些地方是我以前排斥的、不允许自己看到的，因为我唯一的镜头是“比较”这个魔鬼。就这样，一个全新的人出现了，这个人没有被我的过去和我的“应该怎样”的行为准则所控制或沾染。对我来说，这就是我的成长。此外，意识到我的矛盾行为让她觉得自己没有被选择，这让我拓展了我的同理心。因为我以前也曾感受过没有被选择的痛苦。在我的婚姻即将结束时，我感到没被选择，感到孤独。任何人都不应该有这样的感受，这是世界上最糟糕的一种感受。我们要把爱从这种痛苦中解放出来，不让它受苦才好。

瓦妮莎

不像约翰，我从小就不相信“真命天子”，尽管我也看过同样的电影。我有一个单身多年且非常独立的母亲，她给我灌输的观念是我不需要任何人。这种观念演变成了我的信念：依赖他人会导致失望，最好跟着感觉走，趁有感觉时好好享受，因为感觉可能会随时结束。成年后回想起来，我意识到我母亲的这种态度来自她那颗破碎的心，让她心碎的是她年轻时以为是她的“真命天子”的那个人。她从未完全恢复过来，我认为她的其他关系也因此受到了影响，可能我的关系也受到了同样的影响。

可笑的是，虽然我不相信“真命天子”或“白马王子”这些童话故事，但由于早年的经历，我确实存在扭曲的观念。在我的成长过程中，我脑海中的“真命天子”不是骑着白马的骑士，而是那个无论发生什么都会接受我的人。“真命天子”是那个从没跟你发生过冲突的人，是你可以对他说任何话、做任何你想做的事，无论多伤人，他都会留下来继续爱你的人。这听起来十分完美，对吧？

好吧，如果完全接受和百分百的幸福是“真命天子”的标准，那么在一段关系中，冲突、不适和被要求承担责任则意味着你们彼此可能并不合适。所以，你可以想象维系一段关系有多么难；或者说，做真实的自己，同时维系一段关系有多么难。在大多数关系中，我都在尽可能避免冲突，为此不惜牺牲我的声音、我的需求、真实的我被看到和被接受的可能。那看起来是在取悦他人，却带着很大的怨恨。当发生冲突时，我便会封闭自己，直到冲突的裂痕大到无法修复。如果一段关系没有以诚实的沟通、健康的争吵、相互的尊重、对需求和对所受伤害的明确表达为基础，那怎么可能有机会修复呢？这样的关系从一开始就是不稳定的。

约翰和其他人没有不同。或者说，至少一开始是这样。我和约翰的关系时常有一种拔河的感觉——这一边，他全力以赴，好像对“我们的关系”很有信心；另一边，他疏离退缩，非常明显地质疑着一切。当我以一种不符合他预期的方式回应他时，他倾向于使用“掉线”这个术语——我们之间“掉线”了。我们的爱的语言是不同的。他的调情方式主要是言语（和性），而我则是身体的碰触、幽默和服务的行动。“掉线”让他觉得我不和他调情，不认为他性感，对他没有兴趣；却让我觉得我为他做得还不够，觉得他对我还有更多的期望，这让我感到沮丧。就这样，只需不到一分钟的时间，“掉线”就会导致他封闭自我，变得冷淡，心事重重。他对我的疏离和矛盾心态让我没有安全感。这对于一个认为“如果我们有冲突，说明他不理解我或不接受我，我们应该总是保持同步才对”的人来说，实在不是一个好的处境。

在进入更有力的“问问你自己”部分之前，让我们暂停一下，问一个初步的问题——当你们之间发生冲突或出现明显差异时，你是否发现自己在质疑伴侣的意图甚至你们的关系？

认为“真命天子”是那个不管怎样都接受你的人，最初听起来确实很棒，但它现实吗？总是保持同步意味着你为你的伴侣牺牲了一部分自己，或者让你的伴侣为你牺牲了他们一部分真实的自己。相信我，如果你们每时每刻都保持完美的同步，那么其中一人就不可能做真实的自己。此外，完美的同步会阻碍你们作为个人或一对伴侣的成长和进化。当我们能够接受差异，看到对方真实的样子而不是我们期望他们成为的样子；当我们能够在对方面前做真实的自己，让他们也爱上和接受真实的我们时，我们才会成长和进化。

特别需要注意的是，我说的差异不是诸如宗教信仰、政治立场、是否要孩子、价值观、生活中的优先事项等等这些重大差异，这些差异都可以成为充分理由，让一段关系不能或不应该继续下去。不可协商的事情对我们每个人来说是不同的，我们应该真正认识和了解什么事情对我们来说是不可协商的。我和我的许多客户一起做过一个名为“不可协商项与优先考虑项”的练习，我自己也做过，你将在第四章看到这个练习。

与你的伴侣“保持同步”的最好方式，就是接受“有时候不同步就是保持同步”。当我用幽默回应约翰的言语调情时，即使这不会让我们两个都感到完美和谐的极致快乐，但是两个彼此相爱的人都能做他们自己，这难道不是值得庆祝的事情吗？乍看之下，约翰的感受可能不是这样，但如果他知道，我只是为了他才用他喜欢但我觉得做作或勉强的方式回应他，他会立刻失去“性趣”。因此，接受不同步引起的失望，然后看到对方的真实模样，并为对方在那一刻真实表现自己的能力“点赞”，成为我们这段关系中的一部分。

我有时感觉我和约翰不理解彼此，有时又觉得我们步伐一致。我还没想出能够让我们一直保持步伐一致的公式。但我也开始意识到，事情就是这样，本来就没有公式。我们是不同的人，有不同的调情方式和爱的语言。我们永远不可能总是保持同步，我（其实是我们）期待同步就是在犯傻。对我来说，成长就是意识到这些差异并不会让我们合不来。它们让我们成为两个不同的人，有不同的需求。我们必须表达出来，坦陈自己的需求，否则就有可能感到失望和受伤。

尽管我们有差异，但我们选择了这段关系，因为我们知道——等一下，也许我应该继续只代表我自己说话——我选择了这段关系，因为我知道，尽管我们有很多不同之处，但我们的相似之处对于我想要的长期伙伴关系来说必不可少。我们在共同目标、抱负、独立性以及给对方必要空间的能力方面都是一致的。我们都是积极主动的成年人；我们都支持、善待对方；我们都是对自我反省和持续成长有很高期望的追求者；我们无论如何都想建立一个诚实的环境。更何况，约翰是我约会过的男人中最单纯、最善良的一个。我是一个比较严肃的人，有时很悲观，而他总是提醒我不要把事情想得太严重。

接下来的问题是，作为多面的、复杂的人，我们虽然有时候不同步，但仍愿意面对我是谁以及我的伴侣是谁这一现实，这难道不可以吗?

这就是差异给我们带来的影响。约翰用他自己的方式击球给我，我也用我自己的方式回应。他有时感觉遭到了拒绝，而我有时则感觉受到了侮辱，然后我们再一次把感受说出来，得出同样的结论——我们脑海中的叙事是故事，不是事实。

这是为什么？因为我从来没学过冲突是健康关系的一部分。从来没人告诉我，每个人都有缺点，我们唯一的责任就是承认自己的缺点，如果我们伤害了别人，要道歉并尽力从那些冲突和错误中学习和成长。我曾经一直以为，找到“真命天子”后，我和他每天都会沉浸在欢笑中，我不会被他激怒，或者被他催促加快步伐，我能够放松、信任，不再总是质疑一切。

* * *

我们相信，在我们的一生中，我们会遇到很多“真命天子（女）”。你爱过的每个人都是你那时的“真命天子（女）”。“真命天子（女）”是你今天有意识地选择去爱的那个人，而不是你爱过的、可能爱上的，或但愿能够爱上的人。他或她是你现在选择去爱的那个人。一旦你选择不爱那个人了，他或她便再也不是你的“真命天子（女）”了，就这么简单。一段蓬勃发展的、健康的、可持续的关系不仅仅建立在心动的基础上。你注意到所有迪士尼电影都是以举行婚礼为结局的吗？你永远不会看到结婚五年后的灰姑娘，在某一周第一百次对白马王子大喊“捡起你的脏袜子，放进该死的脏衣篓里”。故事在婚礼上结束，这让我们看不到长久关系中糟糕的现实，以及维系关系需要做的真正的工作。

为什么以这种方式来看，爱情很重要？首先，让我们来归纳一下爱到底是什么吧。爱是在一天结束的时候，在情感上对一个人负责的日常选择。如果你们没有情感上的联结，那就不是爱。那也许是欲望、便利、安排，或者一种逃避孤独的方式。如果其中某一种适合你，也没关系，但那不是爱。

如果你认为你没有和你的“真命天子（女）”在一起，或者你相信他或她已经彻底离开，你便不会为你当下的关系付出所有。你会做梦、幻想、刷手机，填补内心的空虚。你不会活在当下，也不会心存感激。你会质疑现在的关系，设定不切实际的期望，追求不真实的东西，甚至可能破坏现有的一切。

现在我们来看一下那些不太明显的影响。如果你相信你正和你的“真命天子（女）”在一起，这就意味着你本来就应该和这个人在一起，你们是命中注定的，事情冥冥之中就是这样安排的。如果不是这样，你便会感到困惑，甚至崩溃。为什么事情不是轻松完美的呢？一旦不解和怀疑蔓延开来，你便可能开始在情感上疏离，即使你不是有意的。这可能是一个缓慢的过程，不一定在一夜之间发生。但是，你的心已经在别处了。

关于“艰难和轻松”的问题，没有人喜欢艰难。我们天生就不喜欢艰难，因为艰难意味着不适。艰难意味着打破旧模式、审视内心、承担责任、做你不习惯做的事情。艰难意味着你可能是错的，意味着这件事不再只与你有关。但是，实质和深度存在于艰难中，而不在轻松里。轻松让人感觉很好。轻松是糖，让人上瘾，却效果短暂。但最重要的是，轻松不仅给你，也给一段关系设定了上限。如果你只想要令你感觉良好的东西，你就不会拥有爱的旅程，而没有爱的旅程，你便不会成长。爱关乎的是深度，而不是宽度。轻松等于宽度，而相信“真命天子（女）”正是轻松的。

在这个世界上，没有任何有价值的东西是轻松就能够得来的。

包括爱情。

问问你自己

你相信“真命天子（女）”吗？如果相信，这种信念对你过去或现在的关系造成了怎样的影响？在一段关系中，你是否曾是那个忽冷忽热的人？矛盾心态让你产生了怎样的感受？它来自哪里？你是否跟人谈论过它的来源，并围绕这一问题进行过坦诚的对话？你是否曾经是矛盾心态的接收方？如果是这样，对方忽冷忽热的行为让你产生了怎样的感觉？你是否跟对方说过？你曾在什么时候为了避免冲突或分歧而牺牲过一部分真实的自己？

练习

当你或你的伴侣“退缩”时，追究自己或对方的责任。

如果退缩的是你，看看你能否明确在你退缩之前发生了什么事。你们说了什么？你产生了怎样的情绪？用语言表达出来——“我意识到，当我们谈论 × 的时候，我会因为 × 感到很不舒服，因此便会疏离。这是不公平的，我要解决这个问题。”然后问问你自己，你将怎样解决问题。这是最重要的部分，也是大多数人出现失误的地方。

如果退缩的人是你的伴侣，当你感到能量转移时，请说出来。告诉你的伴侣这件事给你的感受——“当我觉得你疏离的时候，我觉得很不安全，就像你没有投入这段关系，或者你在评判我这个人似的。”

记住，练习表达出来和诚实待人，并不意味着要求自己或伴侣承诺做你们都没有准备好的事情。你只是要求诚实地交流你们的关系带给你的感受。这给双方一个机会，在诸如双方为这段关系投入了什么，怎样投入，以及想要这段关系带来怎样的感觉等问题上，达成共识并做出明智的决定。

一段关系总是涉及两个人。不可能一个人全力以赴，努力让事情顺利进行，另一个人却在每次感到不舒服时便敷衍以对或玩消失。问问你自己，你做的工作比你应该做的多还是少？如何让这段关系中的工作量看起来、听起来、感觉起来都能保持平衡？

第三章 “瓶中闪电”其实并不正常

如果家不曾是一个安全的地方，那么当心那些让你感觉像家一样的人。

——@THEMINDGEEK

有时我觉得人们用这一术语（创伤性联结）将强烈的感情当作疾病，旨在避免内心的脆弱。

——MC MCDONALD

约翰

在哥斯达黎加之行之后，我们的关系暂时风平浪静。海水平静，蓝天明媚。我沉浸其中，瓦妮莎开始有了安全感。这也许是我们约会以来的第一次。然后，突然之间我发现我又自我封闭了，就像鬼魂附体，没有任何先兆，鬼魂便控制了我的身体。我像橡皮筋一样弹了回去，惊慌失措地质疑着一切。我是跟合适的人在一起吗？我想与她共度余生吗？如果我们爱的语言不同，这段关系能持续吗？她是素食主义者，我却喜欢吃肉；如果她永远不会足够用力地帮我挠背怎么办？

你知道的，所有我们没有答案却试图回答的问题，质疑着我们的关系，令我们心神不宁。这是我告诉我的客户不要做的事情，但说起来容易做起来难。

关于“做工作”这件事，正如我们圈内人士所说的，有时你需要进一步退两步。成长不是一条不变的直线，而是一条长长的不规则的曲线。我不知道为什么自己失去了动力，也许是因为事情进展顺利，而这就意味着我们离“目的地”越来越近了，我开始看到尖桩篱栅的轮廓。

我知道我最终想要的全心全意的关系是这一段吗？看起来，一切都合情合理。她聪明、漂亮、情商高、身材好。我还奢求什么呢？但是有一种强大的阻力，我无法理解。如果你了解我，就知道我是不可能隐藏任何事情的。

我向我的心理治疗师咨询了这个问题。

治疗师：你确定这不是因为你想要没有束缚的亲密关系？你说过，在你们相遇之前，你想纵情声色，但你没有放任自己。

约翰：我不知道。这也许是一个原因，但还有别的东西。我们之间没有“闪电”。

治疗师：解释一下，你说的“闪电”是什么意思？

约翰：我记得第一次见到我前妻时，我看到了光环似的东西。有一种我无法否认的疯狂的吸引力。我想为她付出一切。

治疗师：（停顿片刻）你确实这样做了。

（一阵沉默，约翰思考着这件事。）

治疗师：如果你比较一下这两个关系动态，什么东西在那段关系中有，而在这段关系中没有呢？

约翰：那种疯狂的吸引力。好像我想俘获她似的。是某种追逐，但不是玩游戏的那种，而是一种动物的本能，好像我想控制她。

治疗师：这么说，也许瓦妮莎是不可控制的，而这让你感到困惑？因为这个原因，你将这段关系与你更年轻时的一段关系进行比较，认为这段关系缺少“化学反应”。但你也说过你和你前妻的关系是不正常的。你们两个人都没有付出努力提升自己。我想知道，如果你前妻付出了一些这样的努力，如果你今天第一次见到她，是否还会看到“光环”？简单来说，你和你前妻在一起时“来电”的感觉——你似乎将你所有的关系都与这个进行比较——其实是不正常的。

约翰：由于瓦妮莎在自己身上“做了工作”，这种不正常就不存在了。所以我的身体告诉我，也许这不是我想要的关系。

治疗师：有时“来电”的感觉并不是我们认为的那样。

（这句话极大地触动了约翰。）

治疗师：你和我都知道，建立一种健康的、可持续的关系，需要的远不止“光环”。

什么是吸引力？

想到吸引力时，我们会想到翘臀（或者只有我这么想？）和强壮的臂膀、有神的双眼、才智、诙谐、幽默、对书和电影的相似品位，甚至墨西哥煎玉米卷（tacos）也可能是两人的爱的语言。然而，还有一种无法解释的吸引力，虽然无人谈论，却暗潮涌动，其力量比上述因素之和更为强大，我们称之为“黏性”——两人之间被误认为是化学反应的一种功能障碍。我们不自觉地想要追寻我们坎坷混乱的成长经历中熟悉的味道，以及我们人生故事的残留物。

用来表达这种感觉的词语还有许多，比如“瓶中闪电”“一见钟情”“命中注定”等。除此之外，我们通过与客户沟通发现，“我不知道那是什么，但他给我一种特别的感觉”或者“那种感觉来了，你心里自然知道”，可能都很好地解释了被他人吸引的感觉……但是，这种感觉也可能来自一个不健康的地方，至少值得我们审视一番，因为它可能是一个危险信号。由于受到电影和言情小说的影响，许多人看不到这个可能性。我们的好朋友也告诉我们，我们所感受到的“瓶中闪电”是珍贵而特别的，我们应该环抱双臂，闭上眼睛，让自己心甘情愿地坠入爱河。

大多数人没有考虑到的是，“黏性”可能源自弗洛伊德所说的“强迫性重复”。在精神分析理论中，潜意识需要重现早期的创伤，以便克服或掌控那些创伤。这类创伤会重复出现在象征着压抑原型的新的情景中。强迫性重复迫使我们抵制治疗性的改变，因为治疗的目的不是重复创伤，而是通过回忆创伤，看到它与当前行为的联系。

强迫性重复：主动地或被动（潜意识）地重复来自情感或身体经历的某种行为模式，试图掌握、理解和整合它，甚至直到从中吸取“教训”。

当我们经历一段我们无法理解的经历时，我们被迫一遍又一遍地重复该经历，试图更好地理解它。我们可能在潜意识里重建了小时候那种相当于爱的感觉。我们一直重复的行为可能建立在我们对自身价值感或配得感不健康的叙事之上。或者，在极端情况下，我们的行为模式可能来自被称为“创伤性联结”的东西：只存在于受虐情况下的一种强烈的情感依恋。

* * *

我们以两个人为例来说明。一个是小时候被剥夺了某些东西的女孩，也许是她的声音，也许是她的自尊心。在家里，她的父母总是尖叫，或者更糟，总是沉默不语。也许她在还是个孩子的时候便不得不做个大人。妈妈忙着看电视或喝酒来麻痹自己；爸爸除了铁拳，似乎很“完美”。也许，她家里根本没有爸爸，随着时间来来去去的只有妈妈的男友。女孩很多时间独自一人在外面和男孩子们一起玩，其中一些男孩具有攻击性，他们没人监督，没有界限感。她认为这是常态，因为“男孩就是男孩”。当她允许他们进入她的情感空间时，便与之形成捕食者与猎物的关系，这为她长大后所处的虐待和“有毒”的关系埋下了隐患。但作为一个孩子，她愿意接受任何东西以换取他们的认可、接受和爱，而寻求接受让她陷入了她不希望的追求和体验中。她变得内向、隐藏自己的情绪、为她不正常的家庭自责、在没有界限感的男孩身上寻找家的感觉。她失去了一些东西，包括她的安全空间、她的发言权、她的纯真和她的童年。这是我们所说的猎物。

接下来出场的是一个男孩。男孩的家族里有人有瘾癖——也许不是他或他的父母，而是他的祖父母，甚至是曾祖父母。无论是从哪一代开始，上瘾者都是一个情商低下，且被不良因素所包围的“巨婴”。成瘾的物质呢？性、赌博、酒、食物，或者一切能让人麻木、逃避或暂时感觉良好的东西，具体是什么并不重要。生物学和多世代传递历程让这种成瘾性在家族中一代代传递下来。男孩来自这个家族，他孤独、愤怒、困惑，随时准备将这种成瘾性传递下去。他缺乏理智、冲动、好斗，他的这些行为是缺乏稳定和安全的家庭生活造成的。他因此自小就急躁、冲动、自制力差。现在他非常自负，没有规则意识，以及为后果负责的概念。他戒心十足，无视你，虐待你，让你觉得是你有问题而不是他。这就是我们所说的捕食者，也是我们常说的“坏男孩”。

对这个女孩来说，这个“坏男孩”让她感到熟悉，因为她是和没有界限感的男孩们一起长大的，这也是她被他吸引的原因。他将让她心碎，而他自己将变成一个狂怒的瘾君子。不管他承认与否，她对他很重要，这让他非常害怕。他害怕失去她，也害怕向她展示真实的自己，因为这需要他正视自己和自己的缺点。他必须面对自己，而不是逃离，但他从没学过如何做。简单地说，他没有办法以健康的方式去爱任何人，尤其是他自己。她看到了他的心，他的心出了问题，但他的被动反应和不健康的应对方式更有问题。

> **多世代传递历程**：通过有意识的教导或潜意识的影响，老一代将他们处理情绪和压力的方式、行为方式，以及与他人交往的方式传递给年轻一代的过程。处于潜意识状态下的传递将在几代人之间重复，不断地将这些“经验”传递下去。

在派对上，我们把猎物和捕食者放在一个充满“正常人”的房间里，看看会发生什么。他们会在派对结束之前找到彼此。他们之间的吸引力几乎是本能的、动物性的、完全潜意识的。这就是为什么我们都在寻找“闪电”，却总是不能解释其缘由。现在我们有了完美的原料来制造一段美味的功能失调的关系了。如果没有疗愈、应对方法和自我成长，这会不断地循环发生下去。

捕食者与猎物之间只是一种关系动态，当然以上的描述过于简化了，男人也可以是猎物，女人也可以是捕食者，而且这种动态也可以出现在同性关系中。作为心理治疗师，这样的故事，我和瓦妮莎听过很多很多次，只是名字不同而已。对我们来说，最重要的是帮助客户意识到其背后的东西。这种“化学反应”其实有可能是他们人生故事的残留物，是他们过去经历的“黏性”。因为这个人让我们感觉熟悉，我们可能就把这种感觉误认为是爱，去追逐快乐而看不到危险。如果意识不到这个问题，我们便会一次又一次地陷入同样不健康的关系中，只是对方换了一个人而已。这就是为什么很多人说“我总是爱上同一种人”。

打破这种模式从质疑吸引力开始。吸引力从哪里来？它是真正的化学反应产生的强大引力，还是来自一种让人感觉熟悉的功能失调的关系动态？这不仅是我们必须帮助客户回答的问题，也是我们自己必须回答的问题。

你的灵魂伴侣不会是一个平静地走进你生活的人，而是一个让你产生怀疑并改变你的现实的人，一个将你的人生标记出分水岭的人。他/她不是那个在你的幻想中被你理想化了的人，而是一个挑战你、让你变得更好的普通人。

瓦妮莎

当我遇到我的大学男友，那个被我称为或者曾经称为“灵魂伴侣”的人时，我立刻被他吸引住了。我需要他。我希望他也需要我。当我们坠入爱河时，我们坠得很深。我记得他不在我身边时，我感到身体上的痛苦，好像我无法呼吸一样。后来，我们的关系破裂后，我躺在浴室的地板上哭了好几天。我体重下降，无法下床，勉强完成了大学最后一个学期的学业。我感觉好像失去了身体的一部分。回顾我所有的关系，很明显，我从来没有对其他任何人——包括约翰——有过这样的感觉。我在那次分手之后，25 岁左右时，又开始寻找那种感觉。我认为那就是爱的感觉，任何不如它强烈的都不是真爱。

我与我的大学男友有很多共同点：我们的幽默、我们对音乐的热爱、我们追求更大目标的激情和动力。他让我占据他的空间而不会让我感到内疚。他让我像妈妈一样照顾他，却不觉得烦扰。他喜欢我大声表达且固执己见，喜欢我不被任何人左右。在这方面，他其实比较依赖我。在此之前，从来没有人以这种方式让我有过被看到、被理解和被接受的感觉。

我们几乎没有吵过架。在我们一起的 5 年多时间里，我们争吵的次数一只手便能数过来，而且这些争吵几乎都发生在这段关系结束前的最后 6 个月里。在我看来，这意味着我们是天生一对。如果彼此是对的人，就不会吵架。最重要的事情是什么？对我来说，“瓶中闪电”最本质的东西是什么？是我至今仍难以置信的事情：他选择了我。他总是选择我，胜过一切。（至少直到他不再这么做为止。）

为什么我要回到过去，告诉你一段过去的爱情故事？因为现在，作为一个在关系方面做了很多工作，又经历了几段关系的成年人，我知道他代表了我成长过程中没有被看到、被听到和被接受的部分。他用行动告诉我，男人是可以依靠的。他们会适时出现，选择你、爱你、接受你，而不会无情地抛弃你；他们可以把你从自我中拯救出来；他们可以是一个安全的藏身之地，让你远离那些你所憎恨的，但你还不了解或不想了解的自己。

他也最终证实了我对步入恋情的男人以及我自己的准确叙述。那就是，他们确实总会离你而去；你不能依赖他们；为了留住他们，你必须以特定的方式出现，成为特定的人；一旦你们的关系变得艰难坎坷，他们便会放弃；“留住他们”最终让你成为这段关系中的实干家、照护者和维和人员。

我接下来的两段关系也经历了类似的过程。他们一开始也选择了我。他们很清楚地表明，他们需要我。在我的成长过程中，我在很多方面都不曾有过被选择或被需要的感觉，而对我来说，那就是爱。被需要等同于存在或重要，意味着他们不会离开。没有冲突意味着这段关系是正确的（即使没有冲突只是因为我从来没有说出我的想法，或者从来没有招惹麻烦），其他东西都不重要。

在这两段关系中，我越是做真实的自己，越是用他们表现出的混乱的、不完美的方式去发现他们、重新与他们建立联结、拥抱他们和爱他们，他们就越不“选择”我。这更进一步巩固了我心中的叙事，即被选择的唯一途径就是成为另一个人，一个他们每时每刻都需要的人。我对被离开和被抛弃如此害怕，以至于为了让他们继续选择我，我可以做或不做任何事情。我花了很多年的时间（包括我与约翰的冲突），才看清我的强迫性重复的根源：我需要向自己证明，只有通过追求那些我不做真实自己时才选择我的男人，我那不完美的自我才可能被爱和被接受。潜意识模式太可怕了，对吧？

再说说约翰。

我们在哥斯达黎加旅行时的争吵，看似是因为我被选择的需求与他要求的“真命天女”的条件发生了冲突，但那其实只是一个引爆点而已。对我们来说，那次冲突与目前我们的关系无关，而与我们过去关系中的幽灵有关。

今天我们会怎么看待这个问题呢？对我来说，感觉没有被选择一直是冲突的焦点。就像约翰对待他的关系列表一样，我必须记住这个事实：这是不符合逻辑的，这是成长经历使然；这是思维方式；这是行为模式。

你是自己的“闪电”

对我来说，感觉被选择就像“瓶中闪电”。那就是爱的火花。我把这种吸引力和感受等同于爱。而现在，在与约翰交往多年且又经历了几回矛盾心态之后，我的启示是，你真的不能依靠别人给你“瓶中闪电”的感觉。因为当别人这样做的时候，在“闪电”背后，通常还有更多的事情发生。一种更大的力量在起作用，将你引向对方。

模式和思维方式值得我们认真研究，但大多数人从没这样做过，因为那种最初的“瓶中闪电”的感觉太美妙了。它让你觉得自己所向披靡，就像你身上丢失的一部分被找到，然后“咔嗒”一声回归了原位：温暖在你全身蔓延，带走你所有的痛苦、担忧、恐惧和空虚。这种感觉是我们沉迷于爱情的原因，是我们把“瓶中闪电”等同于爱情的原因，是超过 50% 的一夫一妻制的长期关系失败的原因（或至少是部分原因）。

当然，你们必须有化学反应。当你感觉被深深看到和理解的那些时刻，那种化学反应几乎是令人慌乱的。“来电”很重要，但“来电”不是“爱”。当我们“选择”一段关系时，我们每个人都有责任理解那个在起作用的潜意识的驱动力。是什么在点燃那个火花，那种瞬时联结的感觉？

顺便说一下，瞬时联结并非总是不健康的。有时它来自一种深度的理解，一种阴与阳完美契合的感觉。但即使在那样的时刻，努力理解表面之下发生的事情仍然很重要。因为正是通过这种理解，当有冲突时——它将总是出现在健康的关系中——你才能看见你自己和你所扮演的角色。也只有通过这种理解，你才能领会你所带来的东西和你所负责的事情。没有这种理解，你将会诉诸大量的指责，扮演受害者，重复不健康的模式。

我仍然需要努力选择我自己。在理解了选择自己才是我的“瓶中闪电”和我的黏性后，我知道这是我需要努力给予自己的东西。我会通过在微小时刻有意识地选择自己（比如：认识到我的需求值得表达并把它们表达出来；或者当约翰对我不满时，我不封闭自己，不启动防御机制，而是尽力倾听和理解他的想法；或者就让他生气或烦恼去，而不是试图解决问题或替他承担责任）来告诉我自己，我值得被选择。我越是向自己证明我值得被选择，我就越不依赖别人来选择我。

问问你自己

本章讨论的重点不是让你质疑你的关系，或者质疑你认为可以信任和依靠的东西。如果你的伴侣让你有爱的感觉，你应该相信这一点。我们并不是说，你感受到了联结，只是因为那是创伤性联结，或者某种来自你过去的思维方式。有时候，吸引就是吸引，我们不需要把它病态化，但前提是：每段关系中都不是只有两个人，而是四个——两个有意识的人，两个潜意识的人。当涉及我们所选择的关系（包括友谊关系）时，尽管我们认为多数情况下是我们自己做出的决定，但事实上并不是我们，而是我们的潜意识。我们的潜意识总是试图疗愈旧伤，纠正过去的错误，修复历史的伤痛。它会让我们被那些我们觉得熟悉的人所吸引，而不管是否安全或是否真的匹配。我们的任务就是努力意识到我们的旧模式和潜意识的力量，这样我们就能在我们的关系中尽可能保持理智和有意识，这既是为了我们，也是为了我们的伴侣。

所以，问问你自己：当你和你的伴侣的关系最好的时候，对方引起了你怎样的感觉？你感到被看见？被捧上神坛？被尊重？被理解？被支持？可以安全地表达自己？当你们的关系最糟糕的时候呢？你感到情感上被抛弃？你觉得被轻视？未被尊重？未被欣赏？

现在就你成长过程中与主要照护者的关系问你自己这两个问题。当你们的关系最好时，你是什么感觉？你觉得安全吗？你觉得你让他们感到骄傲了吗？你得到他们的尊重了吗？然后把这个问题反过来。当你们的关系不是那么好的时候呢？你觉得失望吗？你觉得自己不够好吗？你觉得被误解了吗？

现在比较以上提到的两种关系。当事情进展顺利时，这两种关系之间有什么相似之处？不顺利时呢？当你在当下的关系中感到情绪被触发时，你是否觉得童年和现在之间有一种强大的联系？理解我们在成长经历中的情感启动是很重要的，因为它可以为我们的成人关系绘制蓝图。如果我们不加以审视，我们的关系便可能建立在一个错误的基础上，一遇到轻微的“地震”，便几乎不可避免地崩塌。

附加题：就你最亲密的朋友关系、工作关系，或你与其他任何一个你核心圈子里的人的关系，问问你自己同样的问题。

练习

一旦我们理解了我们的成长经历与我们当下关系之间的联系，或者说，与我们选择关系的方式之间的联系，我们就可以开始更加有意识地选择我们的关系了，因为我们开始知道我们需要知道的东西了。感觉“被触发”通常是一个很好的开始。你需要时间来培养自己在做出反应之前注意到自己已经被触发的这一能力。如果你能注意到自己对某事有情绪反应，请允许自己停下来深深地感受它、审视它、反复检查它。你身体的哪个部位能感受到这种反应？那是一种怎样的感觉？热，喉咙发紧，眩晕？你想表达的第一反应是什么？你是否有一种为自己辩解的冲动？你是否想用言语回击，让对方受到伤害？你是否渴望逃开？你是否想躲起来，一个人待着？你是否快要哭了？回答这些问题将为你揭开一些重要信息。

一旦你熟悉了这种感觉和你想要做出的反应，我们就开始顺着这一线索回溯到“为什么”。跟一个心理治疗师或一个你信任的、能够保持中立、不对你评头论足的人一起做这种练习会很有帮助。你可以开始将触发了你这种反应的当下时刻，与你过去产生类似感觉的时间和地点联系起来。写下所有让你记起这种感觉的时刻，不管它发生在过去的浪漫关系中、朋友关系中，还是你与父母、老师或教练的关系中。开始将现在的反应与过去的经历联系起来，是理解你的过去如何控制你的现在和未来的重要一步。它可以让你放慢脚步，感受你所在的当下时刻，并决定这次你将做出怎样的反应。如果你能在这一刻与触发它的人沟通你的情绪、你强烈的感觉，以及渴望的反应，那就更好了。

> 这一练习更多的是关于理解和学习行为的来源，而不是关于某些行为方式。探究为什么等同于更好地理解原型自我。你做得越多，自然而然地，你开始改变的行为就越多。

原型自我与意识自我：卡尔·荣格将“原型自我”（Self）定义为“一个人的完整性”，它是人格的核心部分，是意识、潜意识和自我的统一，它代表整个心理；而“意识自我”（self）代表自我。你可以把意识自我看作在更大的、包罗万象的名为原型自我的圆圈里的小圆圈。

第四章 在差异中发现美

爱始于让我们所爱的人做他们自己，而不是把他们扭曲成适合我们的样子，否则，我们爱的只是在他们身上找到我们自己的影子。

——托马斯·默顿（Thomas Merton）

轻微交通事故

德鲁真的“撞上”了马库斯。当时她正在查看约会软件，没想到前面的车突然停在亮起的红灯前。她曾多次追尾，这次她也鼓起勇气，准备迎接又一位声称自己受了伤并要起诉她的狂怒司机，但马库斯却出乎她的意料。这不仅是因为马库斯轮廓分明的脸和海蓝色的眼睛，还因为他的宽容和善良。她向他承认她在查看约会软件上的信息，其用意更多的是暗示他，她是单身。她告诉他，她会赔偿。然而那辆车只是保险杠上有几处擦痕，他说没必要。她坚持要互换联系方式，但他不想这么做。他冲她笑了笑，便消失不见了。就这样，他走了。

直到他们再次“撞上”。这次是在一个名为“无人错过！”（No One Got Away!）的网上聊天室。这是约翰为了宣传他的新书《故意单身》（*Single. On Purpose.*）而创建的一个有关爱情和约会的实时聊天平台。

德鲁看到马库斯的小头像后立刻认出了他。她点击头像，找到他的照片墙，然后关注了他。她觉得，再次遇到他是天意。在经历了许多段有害关系后，她已经单身一段时间了，正准备与某个人建立一段健康的关系。另外，他“故意单身”的事实也是一个很好的迹象，这意味着他也正在提升自己。

在几次短信交流之后，他们在海滩上一起散步，接下来在停车场接吻，继而建立更亲密的关系。和马库斯的接触让德鲁觉得自己充满活力，好像跟高中时迷恋的对象在露天看台下亲热一样——这样的事从没发生过，因为她当时忙着学习和做个“好女孩”。马库斯承认，当她追尾他的车时，他看到她，觉得她有吸引力，但当时他处在一段关系中，而且正要去参加一场已经迟到了的嗜酒者匿名互诫会的活动。

德鲁和马库斯很快成了一对。他们想慢慢推进关系，但没做到。他们很快搬到了一起，养了一条狗。他们甚至共享了谷歌日历，以便知道对方的日程安排，并据此制订计划。在心理治疗过程中，德鲁会提醒我(约翰)，这段关系是不同的。“他不仅是GQ[①]，而且有EQ[②]！”我不太喜欢她的幽默。在她看来，马库斯是个完美的男人。他有能力守住一份工作，创造一个安全的空间。那他们为什么要坐在约翰面前接受伴侣治疗呢？因为他们彼此疏离的速度和他们“相撞”的速度一样快。他们几乎在各个方面都是不同的。她没有章法，而他很有条理；她喜欢吃肉，但他是严格的素食者；她信仰上帝，可他相信有外星人；她的爱语是肯定的话语和身体的接触，而他的爱语是服务和行动；她喜欢

① GQ意为绅士，源于《绅士季刊》（*Gentlemen's Quarterly*），一本知名的国际男士时尚杂志。——译者注

② EQ即情商（emotional quotient）。——译者注

薯片，而他喜欢饼干。一切都不匹配。直到搬到一起，他们才意识到彼此有多大差异。德鲁无计可施，才预约了心理治疗。她不知道该怎么办，因为除了他们之间的差异，她喜欢这段关系中的一切。这既新鲜又“怪异”。

几次心理治疗之后，我意识到德鲁多么在意他们之间的差异。她真的有一张列表，上面写着他们所有的不同之处，每周她还在添加新的内容，难怪她正在考虑结束这段关系。她总是纠结于这段关系哪儿是“错误”的，而不是去关注那些正确的、健康的或美好的东西，比如他给她的感觉，他创造安全空间的能力，他坦露脆弱的能力，他表里如一，他善于沟通，还有他在性生活上的出色表现。他基本上具备建立一段稳定、健康关系所需的所有条件。此外，他还拥有她在前一段关系中一直需要却未得到的东西。这一切她全知道，但仍然无法停止为他们的差异烦恼，因为她总是看到这些。约翰想让德鲁改变这一观点，不仅因为他作为一名治疗师知道找到这种拥有良好基础的关系多么难得，而且因为他在自己的关系中也遇到过同样的困扰。

德鲁最终和马库斯分了手。他们两个都不再来找约翰了。一年后，约翰收到德鲁的一封电子邮件。她再次分手了，这一次对方是一个男版的她。她说一开始她觉得耳目一新，直到她意识到他没有解决问题的方法。当然，这段关系没有维持多久，现在马库斯成了那个“错过的人”。

约翰

瓦妮莎觉得双关语有趣，但我没觉得。她认为戴维·鲍伊[①]（David Bowie）性感，而我觉得他是个有创意的艺术家，但性感？得了吧，他看起来像个丑陋的妖精。她读了很多书，而我没有。她会保存面值只有 23 美分的礼品卡，而我不会。她会吃一小口甜点，把剩下的带走，我就不理解这个做法。我做混合健身[②]，而她做瑜伽。我喜欢生鱼片，而她闻不得海鲜的气味。她按照说明书组装东西，而我用说明书擦汗。她的爱语是服务的行动，我的则是肯定的话语。而这些只是我与瓦妮莎之间的一部分差异。

与德鲁不同的是，我没有列出这些差异，但我确实为它们感到烦恼。我心绪不宁，不能专注于这段关系。瓦妮莎感到了这种“掉线”，而且每次我为此烦恼时，她的本能反应都是封闭自己和逃离（我们稍后将讨论这一点），这导致我们之间的隔阂越来越大。每次我把注意力集中在我们的差异上面时，我就会变得有心事，开始疏离。我的疏离会引起她的疏离，于是我们渐行渐远，让信任受到破坏。我觉得即使我们没有争吵时也像在争吵。

我最终意识到我在做什么，以及它对这段关系造成的影响。因此，有一天我问自己：与其抗拒、防卫、试图控制或改造他人，何不接受我们所有的差异呢？完全接受，就像有人说的，要么爱它，要么走人。我相信每次瓦妮莎觉得我疏远她时，这都是她想对我说的话。如果我不强调差异，而是试图从中发现美，会怎样呢？对这个问题的回答改

---

① 戴维·鲍伊（1947—2016），英国摇滚歌手，演员。——译者注

② 混合健身（CrossFit）：又称混合体能训练，以特定的运动能力为目标，综合田径、体操和举重等许多运动的动作，在规定的时间内完成尽量多组数。

变了我的生活。所谓回答，我的意思是付诸行动。让我来解释一下。

以前，我发现差异时，通常会用红笔圈起来，把我们的关系再降一个等级。现在，我注意到差异时，会平心静气地、尽可能地完全接受它，并努力从中发现美。收集 1000 张每张面值 23 美分的礼品卡，可不可以很可爱？当她的幽默和我的幽默不匹配时，我能不能欣赏她的幽默？我可不可以试着在白天（她喜欢的时间）而不是晚上享受性爱？

当我试着接受我们的不同之处并从中发现美时，有意思的事情发生了。我开始看到瓦妮莎的心灵。当我的焦点不再是她的品位和行为时，我看到了一个完整的她。这让我改变了很多。我越爱她、尊重她、欣赏她的心灵，我就越不会为我们之间的差异而烦恼。这种认可把我从战壕中拉了出来，让我看到了更大的图景，即我最初为什么爱上她。我看到自己和一个完整的人在一起，而不是那个人的某些部分。当我专注于某些部分的时候，我并没有欣赏全部——真实的瓦妮莎的心灵。因为整体总是比部分更好，从此，我开始在差异中发现美。以前让我烦恼的事情现在变得可爱了，否则的话，我也不会沉浸其中了。通过接受，我能够放下；通过放下，我心神更宁静，更能专注于当下。这让瓦妮莎不再逃离，而是愈走愈近。现在我们建立了信任，并给予了对方新的爱情体验。

我相信我走出了黑暗的隧道，所以我努力向我的客户德鲁挥手，想让她看到，她同样能走出来。只要她转换视角，便能看见曙光。但她没听我的，她最终和马库斯分手了。她不再来做治疗，所以我不知道她如今过得怎样。她确实联系过我一次，告诉我她找到了一个和她有很多共同点的人，但后来她意识到那个人没有马库斯所具备的东西。也许她最终会懂得，接受差异并在差异中发现美，会给她新的爱情体验，让她形成新的理念，并最终给她带来内心的改变。如果不是这样，她很可能又倒回去和同样类型的男人（没有能力的男人）约会，而这将强化她之前的爱情体验和关于原型自我的观念，阻碍她的成长。

瓦妮莎

从我们第一次约会开始，我就怀疑约翰是否“喜欢我”。约会结束，我要坐进自己车里时，他笨拙地吻了我一下，他的吻既没有全落在我的脸颊上，也没有全落在我的嘴唇上。第二天，他给我发了一条甜蜜的短信，让我相信他真的喜欢我。但后来很长时间，他都没有和我有更亲密的身体接触，我又觉得他不喜欢我了。他担心我们之间的差异，担心我们是否适合彼此，而持续不断的担心影响了他在我们的早期关系中专注于当下的能力。

无论我觉得他喜欢我或者不喜欢我，当他问我，我是否知道为什么跟他在一起，如果知道，我又是怎么知道的时，我告诉他：“我跟你在一起是因为我此刻问自己，‘我感觉怎样，此刻我感到幸福吗？’是的。‘此刻我享受我们在一起的时光吗？’是的。我就是以这些为依据的。我没有想我们是否会永远在一起。我在想，我现在想和你在一起吗？既然答案是‘是的’，我就和你一起坐在这里。”

练习专注于当下对我一直很有帮助。这可能是一个很难的练习，但这是我能够倾听并信任我的直觉的唯一方式。如果我能关注自己的身体，并清楚地知道那一刻出现的感受和知觉，那么我就可以采取相应的行动，而不会过多考虑我们之间的差异（有时说起来容易做起来难）。在我以前的关系中，我没有这种技能。我没有接受过心理治疗，没有做过瑜伽或冥想练习，我对正念或专注于自己的身体一无所知，更不知道我的依赖共生[①]是怎么回事，比如取悦他人、息事宁人、假装没有需求。那时候，我在所有的关系中的“选择”都是基于“战或逃”的反应、我的潜意识、我的成长经历、我对过去创伤的被动反应，以及我的“逻辑”，所以这些关系没有持续下去也就不足为奇了。我常常心事重重，我不知道我的直觉到底在说什么，即使我知道，我也不知道如何采取行动。

在过去的十到二十年里，正念和正念练习在心理学领域得到飞速发展是有原因的。因为有效。成千上万的研究表明，正念练习可以帮助你减轻压力和焦虑，提高你的认知和注意力，缓和你对自己和他人的评判，让你拥有更好的情绪调节能力，甚至提高你的免疫功能。研究还表明，正念练习可以通过延长你的端粒（染色体末端的“小帽子”，这个“小帽子”有助于保护染色体免受损伤），在 DNA 这个层面上改变你。[②]我可以整天学习研究正念这门学科，但我只想说：如果我没有发现瑜伽、冥想和一位具有基于正念的认知心理学知识并从精神层面开展工作的治疗师，我就不会是今天的我。这些练习从各个方面改变了我的生活。

最重要的是，正念练习强化了我活在当下的技能。它让我能够深

---

① 依赖共生（codependency）：一个人的行动和自我价值感都依赖于外界的东西，如其他人、成瘾物质等。在一段依赖共生关系中，一方依赖对方，另一方则依赖“对方对自己的依赖”，形成一种病态的相互依赖关系。——译者注

② 国外有相关研究发表，提出正念练习可能影响基因表达，但这类研究还处于起步阶段，正念只是一种身心干预的方式，通常被认为并不能代替医学。——编者注

入情绪或被动反应的背后，质疑为什么；静观强烈的情绪风暴而不采取行动；把我的身体反应跟我脑海中的叙事联系起来；对自己和伴侣少一些评判和苛责；自我安抚和自我调节；不要越界并试图安抚或调节伴侣的情绪，除非被要求这样做。（相信我，这样的例子不胜枚举。）

约翰和我有很多不同之处吗？是的。它们会把我逼疯吗？是的。但我尊重他，珍视他的个人价值，对他试图在这个世界上创造的东西产生了如此强烈的共鸣，以至于愿意放弃我的逻辑倾向，练习专注于当下。

即使是现在，给我带来很多阻力的通常也是我们之间的差异。当我专注于他在细节上多么粗疏，在行动之前不总是考虑清楚，宁愿花钱买新东西而不修理我们旧有的东西时，我能感觉到我们之间的不协调。专注于这些让我觉得好像我跟他是对手，好像只有我在确保我们的“安全”，好像我的做事方式是“正确”的，而他的则是“错误”的。

当我发现自己在这个状态，一遍又一遍地思考我们之间的差异时，我就会停下来，深呼吸。我知道我脑海中关于我们之间差异的这些叙事，都是自我保护的一种方式。如果我的逻辑能够说服我，我们之间的差异大到足以让我离开，那么我就可以避免受到伤害的可能性，真正坦露脆弱的可能性，或者我的做事方式不总是正确的可能性。我的大脑试图帮助我，但它使用的仍是基于生存的旧模式和旧习惯。与此同时，我的身体、我的直觉和我的灵魂都在努力帮助我拓展自己，直面这种不适，因为这正是我成长、疗愈和有可能与自己建立我所知道的最深联结的地方。这是我现在选择更加认真倾听的声音，因为我终于知道它不会把我引向错误的地方。

* * *

危险信号和差异有很大的区别，就像不可协商项和优先考虑项之间的区别一样。在差异中发现美，就是不要让那些困扰你的东西，那些我们称之为“优先考虑项”的东西，成为你临阵脱逃的理由。因为由于差异而逃离通常是出于恐惧，而不是联结和爱。

问问你自己

不要假装你和你的伴侣之间没有差异，那太傻了。我们知道你已经在脑子里把那张列表念过无数遍了。但如果你真的疲于应对这些差异，那么创建一个“不可协商项与优先考虑项”列表可能会有帮助。

花时间好好想想那些你不会妥协的事情。比如，不容忍身体虐待或语言虐待应该是显而易见的，但需要更细致。你想要一个不强词夺理、能够接受反馈并据此采取行动的伴侣吗？你想要一个能够在言语上肯定你，让你感觉自己很特别的伴侣吗？你想要一个能够照顾好自己的身体、头脑和精神的伴侣吗？你想要一个和你的精神或宗教信仰以及价值观相同的伴侣吗？

如果你发现自己的列表中出现了比如特定的体型或“至少赚六位数”之类的内容，那么你可能已经跨入优先考虑项——有当然很好，但没有也无妨的项目。优先考虑项也可以是更严肃的事情，比如瓦妮莎的优先考虑项就包括伴侣同样是素食者或严格的素食者，并且和她一样对社会问题充满热情。这两项约翰都不符合，但她觉得没有关系。

把这张列表放在手边，经常查阅。它可以或者应该随着时间的推移而变化。你要对那些不可协商项负有绝不妥协的责任，也要对那些对方不能实现或无法满足的优先考虑项保持开放的心态。

那些与依赖共生行为做斗争的人可能很难列出他们对伴侣的期望和要求。依赖共生人格的一个最大特点就是缺乏对原型自我的信任，缺乏自我理解和真正的自我认识。如果你发现自己很难想出这个列表，那就反过来做。根据你的经验，你知道自己不希望伴侣身上有哪些东西？使用删除法来创建你的不可协商项列表。记住，这个列表不是静态的——它可以随着你的成长变化而改变。当瓦妮莎第一次创建她的列表时，她把列表保存在手机上，这样她就可以经常参考，检查这个列表当下是否如实，或者某些东西是否需要调整。

如果你有兴趣阅读更多关于依赖共生的内容，可以直接跳到第十三章，“去他的爱心树：关于依赖共生”。

练习

我们发现，伴侣之间最常见的一个问题是他们无法专注于当下——正如瓦妮莎所说，无法“活在当下”。我们的爱像是坐上了时光机：要么我们抓住以前的爱情体验不放，将新爱与旧爱做对比；要么我们在幻想未来，担心所有的“如果怎样将会怎样”。我们最常见的担心是，这段关系是否会持续下去，或者我们是否会再次心碎。

练习专注于当下就是觉察当下你的感受，再次提醒你，不要忽视危险信号或不合适的不可协商项。养成“抛开纷乱的思绪，关注身体感受”的习惯。下次当你和你的伴侣或其他任何人在一起时，暂停片刻，关注你的感受。当你和这个人在一起时，你的身体有什么感觉？感觉胃里是紧绷的还是放松的？你的呼吸是短而浅的胸式呼吸，还是缓而长的腹式呼吸？你是在紧张地盘算着要说什么或做什么，还是感到平静和放松，能够做你自己？

从这些问题开始，看看你还能想到什么问题。还有很多问题，你都可以放入你的练习里。关键是你和你的伴侣在一起时，你要真正地倾听你的身体在告诉你什么。练习“活在当下”是一种很好的方法，可以让你理清脑海中那些“如果怎样将会怎样”的问题，否则，这些问题将永远没有答案。

第五章　像生命即将结束一样去爱

约翰

我当时并不知道，我们从哥斯达黎加回来后，我需要瓦妮莎给我们的关系按下暂停键，就像她当时做的那样，因为我知道我不会做。这个暂停带给我一些启示。

有一年圣诞节，爸爸给我买了一个滑板。一年多来，我一直想要一个滑板。我终于有了一个，但它并不是我想要的样子。它是木色的，没有任何酷炫的图案，而且比我想象的更宽、更贵，几乎像成人滑板。我不想要，噘起了嘴。“这不是我想要的！”但爸爸没有收回去。要么就这个，要么什么也没有。于是，我留下了那个滑板。我一个人滑，因为我不想让别的孩子看见它。但是我厌倦了一个人玩滑板，只能把它放进我的壁橱里。

几个月之后，我的表弟抱怨他父母因为没钱，从来没带他去过迪士尼乐园。我突然有了一个主意，我要在我家后院打造一个“过山车”。我们家有一条绕着后院一直延伸到外面的人行道，简直完美。我所需要的就是这样一个“过山车”——吸引邻居家孩子来这里的东西。普通的滑板因为太小太窄不能用，我的这个滑板却非常完美。因为它比普通滑板宽很多，一个人可以盘腿坐在上面而不会掉下来。

我的表弟从来没来坐过我的“过山车”，但我整个夏天都在鼓励邻居家的小孩来我家后院玩滑板。后来，随着年龄的增长，我开始喜欢街头滑板。我有过十几个滑板，但那个宽大的滑板是我的第一个，也是至今我最喜欢的一个。虽然当时它并不是我想要的，却是我需要的。在我人生的那个阶段，我感到非常孤独。当时我 7 岁，是个内向的孩子，我把太多的时间花在玩乐高积木而不是交朋友上。但那个夏天之后，我交了新朋友。就像上天通过我爸和我那古怪的表弟起了作用——我那个学年过得很愉快。我不再被孤立，开始跟其他孩子一起玩。我明白生活的意义不仅仅在于独自建造。

瓦妮莎和我断联了一周，这让我意识到我们的关系就像那个滑板。它不是我想要的，却会带来一些更好的事情。如果我投入其中，我知道我注定会学到一些东西，这些东西不仅与我自己有关，还与爱以及我所重视的事物有关。这一经历将给予我新的视角，让我最终跨过从旧爱到新爱的巨大鸿沟。

新的爱情

爱情关乎的是信念，而不是承诺。那么多人想要承诺，那么多人渴望契约，那么多人想要保证，然而爱情不是财产，它不像 20 世纪 50 年代的爱情那样——生活的重心就是建造尖桩篱栅，穿连衣裙和熨烫挺阔的西装，有两三个孩子，然后小心翼翼地相处。

爱是一个空间。在这个空间里，诞生了一种信念。爱的行动像双臂一样环抱着这一信念。这种行动（如果是健康的）保护着这个让信念继续成长的空间。

如果你更多地专注于这一信念——爱情关乎两个完整的人的拓展、可能性和更美好的东西，关乎今天而不是明天的爱的联结和成长——而不是交易、协议和所有的“如果怎样将会怎样”；如果你与对方相爱，而不是单恋；如果你专注于当下，与对方四目交接，捧着对方的脸，温柔长久地凝视对方，忘记你的过去；如果你拒绝玩把戏，只做最诚实的自己；如果你想被看到而不是被需要；……那么，你就会创造出信念的空间。在你的培育下，这个空间将成长起来，而承诺将是它结出的果实。

爱就是创造信念的空间。

没有它，便不能结出承诺的果实。

我们和你一样，曾把承诺放在第一位。我们和你一样，曾紧紧抓住承诺而不是捧住它。我们和你一样，失去了爱情。

参与是全身心投入和被看到，是两个人在耕种土地，他们清楚自己在做什么，负有怎样的责任，而且相互坦诚，既有联结，又有距离；是支持彼此的整个人生故事，而不仅仅是某个章节；是看见彼此的内心；是闭上眼睛，张开手掌，用心去爱。它不再仅仅与尖桩篱栅有关，因为我们都知道那上面有扎手的尖角。

我们和你一样，曾只用眼睛爱过。我们和你一样，为了安全感和虚假的永恒交换誓言，以此作为控制的手段。我们和你一样，失去了爱情。

新的爱情是什么？是关爱和诚实，而不是时间线[①]和诺言；是关注

---

① 时间线（time line）：时间线是我们的大脑对过去及未来所发生的事情在一个方向上的编码。从心理学的角度来说，时间线是一套记录时间的心理程序。——译者注

深度，而不是宽度；是放下过去，包括我们仍然放在后口袋里、折得皱皱巴巴的蓝图和父母教给我们的旧观念；是不受束缚地尝试新事物，因为新的爱情来自勇气，而不是恐惧，有勇气说出实情，接受差异，明白痛苦不是指责的理由，就像叶子的变色，它是爱情的一部分；是有勇气展示缺点和弱点，直面艰难的时光；是在依靠别人之前依靠自己；是假如对方向命运屈服，不和他们一起屈服，而是挺直脊梁，向他们伸出援助之手，而非献出生命。

新的爱情是目的驱动型，而不是自我驱动型。整体比部分更重要。新的爱情由那些独立存在的时刻组成，而不是由岁月的长短定义。新的爱情将美重新定义为对方给你的感受，而不仅仅是对方的魅力和你的审美。新的爱情与美丽的人有关，却无关乎那个人是否美丽，它考验着能量、流动和精神之舞。新的爱情是慢热的，它不是有裂纹的瓶中的闪电。

新的爱情是微观的，就像酒窝、雀斑和不完美部位的美人痣，一个满含深意的微笑，不登大雅的玩笑，使关系动态真正活动起来的癖好，或者一个眼色。新的爱情不在于完成，而在于发现。新的爱情重视两个人的人生故事碰撞的力量以及由此产生的继发性的改变。新的爱情与维持多少年无关，因为长度不等于效力或美妙的乐章。我们都知道这一点。

新的爱情关乎的是无需拳头和挺起的胸膛，就能让双方感到安全，感到被支持、被倾听、被看到的能力；关乎的是即使双方一起做一些无意义的事也很快乐；关乎的是接受，而不是试图改变，是各自成长，而不仅仅是一起变老；关乎的是每天的行程，是一种既不会让你感到恐慌，也不会让你陷入困境的新的争吵方式；关乎的是沟通，带着来自你过去经历的对类型、吸引力、"好"的关系的所有看法和评判，却只从一件事——好奇心——开始。

不对伴侣做出被动反应的最有效的一种方法就是充满好奇心。好奇心可以消融被动反应。好奇心鼓励探索，拒绝评判。好奇心是一座我们很少走过的桥梁，因为我们都在忙着筑墙，想办法防御。所以，请每天充满好奇心，正是它，创造了新的爱情。

瓦妮莎

像生命即将结束一样去爱，是一种清算。是对于生命终结这一不可否认的现实的清算。比如，我可能活到100岁，在睡梦中安详地死去，我也可能明天在外面散步时，死于一场公共交通事故。所有这些都不是预先设定好的。如果我毫无疑问地知道，明天是我在世上的最后一天，那么今天我愿意如何去爱？不仅仅是活着，而是去爱。因为爱着等于活着。

我们许多人，包括我自己，都生活在过去或未来之中。我们担心失去控制，努力应对未知，我们的大脑一直在试图提前计划，以应对我们内心深处的恐惧，因为我们不知道明天会发生什么。生活在未来（在承诺中）会带来焦虑，而生活在过去则会让我们陷入抑郁状态和低落的情绪。正念和冥想得到科学支持是有其原因的。当我们通过正念和冥想练习来增强我们专注于当下的能力时，我们就会把自己从未来和过去中拉出来，抵达现在。我们更容易闻到春天花儿盛开的香气，注意到日落时晚霞多彩的变化，在孩子欢笑时或伴侣从厨房对面投来目光时，感受到我们的身体涌起的真正的暖流。对我来说，这也就是约翰所说的“关注深度而不是宽度”。

我并不是鼓励你成为一个每天以莲花式坐姿静坐数小时的修行之人，而是鼓励你做一些简单易行的正念练习，来提升你的觉察意识。我是在鼓励你加强这方面的能力，这样你就不会错过“它”了。“它”是什么？“它”是你的生活，是那些可以给我们带来快乐，却因为我们过于匆忙、对下一件事过于担心而错过的一个又一个微小的时刻。去爱吧，就像生命即将结束一样，因为事实的确如此。

问问你自己

你怎样才能开始重视和关注你们的关系中更深层的东西呢？有哪些没有说出来的、没有看见的，或者你没有注意到的事情，你现在可以开始注意并认真体会呢？

你觉得新的爱情应该是什么样子？新的爱情不一定是跟一个新的人在一起，它也可以是和同一个人重新开始。如果放慢脚步，有意识地把正念带入你的关系中，那么你看待爱情的方式会开始发生怎样的改变？

你怎样看待爱情，带着好奇心还是带着评判和防御心理？你是在追寻旧爱蓝图还是创造新的？你是在练习关爱和诚实，还是关注时间线和诺言？

假定你已经懂得关于爱的一切，抛开了来自以往恋情的恐惧和不安全感，如果你可以再次去爱，那么你的爱情将会是什么样子？

练习

• 停下来，环顾四周。留意三件东西。不要只是注意到它们，而是要真正地看见它们——颜色、纹理、细节。如果可以，站起来，近距离地观察它们。

• 现在闭上眼睛，深深地吸气。留意一种气味，无论是好的还是不好的，专注于这种气味。它是辛辣的、甜的，强烈的、微弱的，还是久久不散的？当你专注于这种气味时，你脑海中产生了什么图像或联系？

• 继续闭着眼睛，把注意力集中到你周围的任何一种声音上。关注远处的声音，然后注意离你最近的声音，比如交通噪声、空调的嗡嗡声、洗碗机的声音、狗的呼吸声、你的呼吸声。

• 现在把你的意识转移到你自己的身体感受上。你能感到自身的重量把座位压下去了吗？你能感到你的后背和椅子之间接触的地方吗？你的腿与座位接触的地方呢？

• 最后，咂咂嘴巴。你舌头上有什么残留的味道？你喝咖啡了吗？你还能品出早餐的味道吗？你的伴侣给你的吻呢？

这个练习叫作“五感练习”，随时可以做。当你发现自己过于匆忙，纠结于细节和未来时，停下来，体察每一种感觉。不要让你的大脑告诉你没有时间。这个练习一共只需要大约 3 分钟，每个人都有时间做。如果你不能保持专注，只要知道思考和担忧是你大脑的工作，它不想停下来，因此你才觉得难以专注于当下——这很正常。

专注于当下是创造新的爱情体验的基础。在生活中做专注于当下的练习，你将获得更多爱的体验。

第二部分

PART 2

当阻力出现

第六章　游过拍岸巨浪

约翰

现在我投入这段关系中，不再有矛盾心态，不再忽冷忽热，不再把一只脚踏在过去，而另一只踏在未来。现在我两只脚都站在此地。我们甚至搬到了一起。可是当任何一对恋人这么快搬到一起时，麻烦就来了。

和别人住在一起是件大事。日常生活中让你烦恼的小事会成为你们关系中的绊脚石。但奇怪的是，我没有因此烦恼。瓦妮莎用从下水道排水口收集的头发做成巫毒娃娃[①]并贴在浴室墙上，我没觉得恶心，反而觉得挺可爱的。她因为我吃了她的剩菜而对我怒目而视，好像要在我睡觉时把我杀了似的，这也没什么大不了，我明白食物是她的爱的语言。她像《驱魔人》(*The Exorcist*)里的琳达·布莱尔一样半夜里站起来，喊叫一些奇怪的梦话，是的，这个把我吓坏了，但在耳塞和克洛诺平[②]的帮助下，我已经习惯了。最后，我必须游过的最大的巨浪是她给我挠背的方式。

---

① 巫毒娃娃（voodoo dolls）：巫毒教施法的媒介，起源于非洲南部，原始的巫毒娃娃面目狰狞。巫毒教的大多数仪式与报复、伤害、仇恨有关，但也有与爱情、成功、幸运、健康、保护、祛邪相关的法术。——译者注

② 克洛诺平（Klonopin）：处方药，主要用于治疗癫痫或恐慌症。——译者注

现在让我解释一下。对我来说，挠背是必需的。这与自负无关，我真的不能自己挠背，因为我的灵活性不好，挠不到后背。而且，不知怎的，我后背经常发痒，如果我的伴侣不帮我挠，我就得找棵树，像狗熊一样蹭痒。所以，挠背是一件大事，是我们第一次见面时我就应该告诉她的事，但我不需要这么做，因为一开始她就挠得又用力又彻底。但随着时间的推移，她的手指好像变成了从破洒水器里流出的无力的水流。我试着换位思考，理解留在她指甲缝里的皮肤组织让她恶心，而这是我们第一次见面时她没有向我表达过的。我尽量不把它归在虚假广告里面，因为这将助长我——旧的约翰·金——的矛盾心态。于是，我买了一只巨大的韩国木制挠背器，问题就这样解决了。一切都很顺利。我们继续向前游去。

直到我们撞到墙上，是一面大墙——瓦妮莎怀孕了。这是我们始料未及的事，突然就发生了。她一直都在避孕，这事是怎么发生的？我的事业终于开始有了进展，出书、演讲，我的播客也做得越来越好。我最不想要的就是孩子了。当我去高中接孩子时，我可不想被认为是他（她）的爷爷！因为再过 17 年，我就 63 岁了！如果按虚岁来算，我就应该 64 岁了！去他的，孩子不在我的计划之列。

我曾在二十出头的时候让女朋友怀孕了。那时我们自己还是孩子，不知道该怎么办。我们没有任何办法。我们几乎不会照顾自己，更不要说照顾孩子了。我告诉她，无论她做什么决定，我都支持她。我还记得我开车送她去诊所的那个寒冷的早晨，我感到一片虚空，好像末日来临一般。我很害怕，也很伤心，感觉一整天都有一种诡异的沉寂。手术后，她变了，她的眼中流露出的虚空从未真正消失过。我不想再经历一次这样的事了。经过商量，我和瓦妮莎决定留下这个孩子。

尽管瓦妮莎也没有想过要孩子，但她觉得，她，还有我们，都处在人生的一个阶段——我们能够承担这件事，把它做好。事实上，我们开始为此感到兴奋。这是上天想让我拥有的新的爱情体验吗？以前我从没想过和某个人养育孩子，但我能够想象得到它会给我们带来其他任何事情都无法带来的亲近感。这次我没有矛盾心态，我完全接受了它。听到胎儿的心跳时，我脑海里闪过将来我会做的但我爸爸从来没和我一起做过的所有事情。这是我人生中第一次——我非常高兴成为爸爸。

然后，我们又撞上了另一面墙。这几乎让我们的关系宣告结束。这是我第一次感到那种万念俱灰的痛苦，就像那天我开车送女朋友去诊所时的感觉，但比那强烈十倍。我们必须一起走出伤痛，否则我们的关系不会长久。

我们失去了孩子。

瓦妮莎

搬到一起住根本就不是我们会讨论的事情。我喜欢独自住在洛杉矶的小公寓里。这是我第一次拥有自己的住处，我喜欢它在关系中制造的分别和距离。我也喜欢当我需要或事情变得棘手时，我有地方可退。

但是在交往大约 8 个月时，我怀孕了，是在避孕的情况下。是的，这样的事会发生。在这一刻之前，我很清楚自己不想要孩子。我一直愿意做一个出去旅行，给侄子、侄女以及朋友家的孩子带回有趣礼物的酷阿姨。我的弟弟妹妹比我小很多，所以，我知道有孩子到底是什么样子。我非常确定，这不在我的人生计划之内。

我和约翰考虑了可能的选择，经过多次商量和思想斗争后，我们确定在我们人生的这个阶段，要个孩子是我们应该能够应对的事。我们都深深吸了一口气，准备抖擞精神，面对生活中方方面面的巨大变化。

我把决定告诉了我的家人和好朋友。他们都很震惊，但也很高兴。我和约翰开始讨论具体问题，讨论搬到一起的事。我告诉他，我一个人带孩子住完全没问题，他能来帮忙的时候就过来，但他坚持我们搬到一起，于是我们开始找地方。

然而，在第八周的时候，我开始抽筋，感到恶心。我知道这有点不正常，就好像上一分钟我感觉怀着孕，下一分钟就感觉不到了。我自己去了急诊室，一直等到有了床位。医生证实了我的猜想。那时约翰已经赶来，躺在我旁边的小床上。“对不起。”我对他说。我们两个都哭了。他哭得很厉害，肩膀上下颤动。而我感觉麻木。我很失望，但真的没有感到悲伤。

在接下来的几周里，我去看了很多次医生，确保我的身体在没有干预的情况下恢复良好。每次我开车回来时，我感到的是生气，不是悲伤。我对自己的身体生气，因为它让我失望了。我把自己照顾得很好，我吃得很健康，我锻炼身体。我已经在情感和精神上成长了这么多，但我感觉好像上天、更高的力量、本源——不管你想叫它什么——在以某种方式惩罚我。我不认为这些感觉会消失。我不得不处理我的愤怒，我先是一个人去做心理治疗，后来和约翰一起去。

他不理解我的愤怒，我也无法体会他的悲伤。感觉我们在悲痛过程中真的“掉线”了，我觉得自己被严重误解了。似乎我们各自都认为对方在这个过程中有点不正常，而因为我们无法理解对方的悲痛过程，我们产生了严重的防御心理。那段时间对我们来说真的很艰难。有很多个晚上，我们都怀着对对方的怨气入睡。但通过多次谈话，包括那些我们不想进行的谈话，我们找到了一种方法，接受过往经历给对方造成的影响，尽管我们不一定理解。在被理解之前试着理解对方，是一门重要的功课。

当我们再次感到亲近的时候（其实比以前更亲近了），我们又谈起了孩子。这是上天在告诉我们，我们注定没有孩子，还是告诉我们，生孩子不是正确的选择？我们不知道答案，但决定不采取避孕措施，看看会发生什么。如果命中注定没有孩子，那就没有吧。

六个月之后，我进行了为期三天的冥想静修，这是我送给自己的生日礼物。冥想静修的第二天，我独自一人，在没有任何干扰的情况下，终于沉入“表面之下”（就像我们所说的冥想中的那种状态，终于感到平静，好像超越了时间的维度），这时我有了有史以来最清晰的一个觉知：“我想做这件事。我想和约翰要个孩子。我想和他而不是和其他任何人一起做这件事。”我猛地睁开眼睛，心跳加速。

在我们关系的早期，我妈妈问我，我们是否有可能要孩子，我告诉她，约翰跟其他人不同。那时候我也不想要孩子。但我从骨子里知道，无论我们的关系发生怎样的变化，约翰都会是一个好父亲。即便是我们有孩子后分了手，也不会影响他对孩子的爱。我有过这样的亲身经历——我父亲就没能做到这一点，这让我一直觉得，我是因为拥有我母亲的50%的基因而受到了他的惩罚。

静修结束后回到家的第三天，我和约翰一起坐在床上，当我告诉他我的觉知时，我哭了。分享这些让我感觉自己特别脆弱，我不安地扭动着身体，但我必须告诉他，我知道我不再有矛盾心态了。此后六个多月里，我们没有采取避孕措施，然而，什么也没有发生。我很难过，感觉很受伤。我真的想要一个孩子，可是，如果我不能怀孕，怎么办?

就在这一周，我们在森林里租了一间小屋，这样约翰就可以写他的第二本书了。我们与世隔绝，在雪天里写作、阅读、做爱。四周后，验孕棒证实——我怀孕了。

拍岸巨浪

我很感激最后没有得到我以为我想要的东西。

——许多最终游过拍岸巨浪的人

拍岸巨浪是拍打海岸的汹涌海浪，就像日出和日落一样，它们始终如一，周而复始。问题是，如果你从来没有游过去，你就不会知道，海洋的大部分实际上是风平浪静的，而你所知道的只有波浪翻滚、混乱无序的海。

关系中也有拍岸巨浪。如果你从来没有渡过它们，你就不会知道什么是安宁平和，也无法建立一段健康的、可持续的关系。但汹涌的海浪也会让你筋疲力尽，你在激流中挣扎，最终被它淹没。你会因此放弃这段关系、破坏这段关系，或者在精神上和情感上退出这段关系。没能游过拍岸巨浪是关系破裂的一个常见原因。

那么，什么是拍岸巨浪呢？简单地说，就是事情变得艰难的时候，现实袭来的时候，预告片里看起来激动人心的爱情故事变成纪录片的时候。拍岸巨浪是任何产生阻力的东西。它们可能是表面的东西，比如不同的爱语、沟通方式、观点和理念；也可能是深层的问题，比如由伴侣和你们的关系所触发的情绪反应，这点我们很快会讲到。不要把拍岸巨浪与虐待、攻击、谩骂或者人们用我们的伤口来伤害我们的行为相混淆。拍岸巨浪与危险信号是不同的。前者给我们带来成长，并为我们架起一座通往原型自我的桥梁；后者却是我们成长的障碍，切断我们与原型自我的联系。

事实上，直到事情变得艰难，爱情才真正开始。轻松的部分不是爱。轻松的部分是欲望、迷恋、蜜月期，以及我们被新的恋人回吻时那种沉醉的感觉。轻松的部分是我们看见任何错误或不健康的东西之前，那个令人激动的探索期。轻松的部分是我们在转变视角、得到启示，意识到建立一段健康的、可持续的关系需要付出多大努力之前的部分。轻松的部分不是爱，而是希望，而且很多时候是不切实际的希望。只有在你游过所有拍岸巨浪之后，爱才会发生。

以下是一些常见的拍岸巨浪：

1. 黏性关系动态：这是我们在第一部分讨论过的不健康的、潜意识的、试图修复旧伤的关系类型。这种类型的联结通常会产生一个动荡的循环，形成一段有开端、中间和结束的微型关系。一个极端的例子是虐待关系中的家庭暴力循环：

蜜月期—积蓄期（紧张加剧）—支配期（控制、害怕）—爆发期—悔恨期（辩解、最小化、内疚）—追求期（害怕失去、承诺）—蜜月期……（如此循环下去）

黏性关系动态本身是不健康的，它会阻碍双方的成长。“但他没有虐待我”“但我知道他（她）爱我”——这些都是我们告诉自己或朋友，我们留在这段关系中的借口。我们没有意识到，这与其说是人的问题，不如说是两个旧伤未愈的人所建立的关系动态有问题。最终，他们中的一个想放弃；最终，他们中的一个受够了；或者，最终，他们中的一个想疗愈自己的伤口。当这种情况发生时，这段关系便开始分崩离析，因为一个人的成长已经超过了另一个人，他们之间潜意识的联结被拉伸，最终断裂。

黏性关系有一个型谱，虐待关系就是极端的例子。依赖共生可能是黏性的，嫉妒行为和微妙的控制可能是黏性的，疏离者和追求者之间的动态可能是黏性的，渴望戏剧性可能是黏性的。任何产生不健康的行为和模式的关系动态都是黏性的。健康的关系通常是非黏性的，但如果我们不去提升自己，我们通常会被黏性关系所吸引，被非黏性关系所排斥。这就是为什么我们必须游过“黏性”的拍岸巨浪，以实现一种健康的、非黏性的关系动态。我们游过拍岸巨浪后，必须留在那个找寻到自我的地方。那里会很不舒服，也许会让我们觉得乏味或缺少化学反应，但我们必须留在那里，直到它成为常态，直到我们的身体和关系动态不再被变化所吸引，直到我们变得被黏性所排斥而不是被吸引。

2. 差异：差异涉及我们所有的不同，以及这些不同怎样让我们质疑我们是否和对的人在一起。当蜜月的感觉开始消退，当我们发现伴侣在我们心中的形象与他们的真实面目不符时，我们会感到焦虑、困惑、幻灭。现实已经袭来。这种情况经常发生在异地恋中，因为每次见面都是蜜月，没有人会犯错，但当我们开始真正了解一个人，看到他们的方方面面，包括他们的污点、缺点和棱角，而不只是看到他们光鲜亮丽的一面时，我们就处在了拍岸巨浪中。这是许多人开始疏离，想知道他们的选择是否正确的地方。这也是许多人没有做任何努力或没有给他们的关系一个公平的机会便退缩的地方。

3. 困扰我们的小事： 当我们学习如何一起生活时，就像学习一起跳舞一样，我们会踩到彼此的脚。他整理床铺的方式不对，甚至完全不整理。她用洗碗机时只有三个盘子和一把叉子。他剃须后把胡子渣留在了洗手池里。她总是忘记清理咖啡渣。他从不扔掉用完的洗发水瓶子。她把脏袜子扔在地板上。总是开着口的薯片袋，从来不关上的麦片盒。她总是赶在最后一刻出门。她出门晚了的时候，他却忘了把车钥匙放在哪里。当我们开始和一个人一起生活时，所有小事都会变成大事。所有这些日常生活中的琐事，可以累加成一根把我们分开的巨大的撬棍。

4. 我们的情感触发器： 在我们与伴侣的交流中，我们会针对伴侣和我们之间的关系产生强烈的情绪反应。这些反应通常与我们的人生故事紧密相连，有时跟对方没有任何关系。也许他像那个背叛你的前男友一样，忘了给你发短信，你便认为他对你也不忠。也许她跟你说话的方式让你想起了你的母亲。也许你封闭自己是因为你们吵架时，他就像你爸爸在你成长过程中做的那样提高了嗓门。我们必须意识到是什么激活了我们的情绪，为什么会发生这样的事，然后尝试去解决这个问题，这样，我们就不会总是被动反应了。我们知道，被动反应会导致恶果。

如果我们追踪被动反应的线索，那我们最终会发现，被动反应通常源于我们身体或心理上的某种旧伤，我们的防御机制因此被触发，以便保护我们。而当防御机制启动后，就没有了关爱和理解的空间。这不只是心理治疗上的说法，也是神经科学上的。当我们处于防御状态时，我们的“战或逃”的反应便会被激活。在这种情况下，我们的前额皮质（大脑中负责思考、同理心、理性和逻辑的部分）就会变暗。我们不是奔向对方，而是把对方推开。我们火上浇油，而不是去了解真正需要治愈的伤口，或意识到这段关系本身有助于伤口的愈合。这些未经审视的被动反应将导致我们关系的破裂。

前额皮质：人类以及其他灵长类动物大脑中最年轻的部分，负责同理心、逻辑和语言。当我们情绪高涨或压力过大时，我们的大脑便进入“战或逃”的状态，对前额皮质的访问可能会受到抑制，有时甚至受到完全抑制，那么，信息只能进入大脑的边缘系统（负责情绪反应的部分）或大脑很原始的那部分。在这种情况下，我们的行动只是为了生存。

约翰

雷米再次进入一段全新的关系，但这次与以往不同。她没有让事情因心动而发生，因为心动最后经常会变成心痛。这次她有意识地选择打破与“坏男孩”在一起的模式。她想停止追逐、游戏、操纵、欺骗和不负责任。她现在 30 多岁，需要一些安全和稳定的东西。她想展开一段持续两年以上的恋情，建立一种持久的关系。她厌倦了翻看男友的手机，然后说服自己男友会改变。但问题是，这个新选择虽然明智，但并不令人兴奋。她“用一辆老式野马车换了一辆普锐斯车”。至少她是这样描述的。

当我们分析这段新关系时，雷米意识到她的身体并不习惯平静和健康，而习惯于情绪的过山车——高涨时的多巴胺，低落时的焦虑感。不确定性是她全部的认知。从她会走路开始，她的天就开始塌陷——妈妈和爸爸吵架，爸爸离开，妈妈会喝酒，哭着咒骂爸爸，然后爸爸回来，世界再次安全，直到冲突再起。爱意味着混乱和不确定——这就是她在成长过程中摹写的蓝图。在不知不觉中，雷米开始沉迷于这种失去又再得的感觉。

而当她最终决定和一个心理健康的人约会时，她没有失去他。他就在那里，在她身边。他认真地听她说话，记得她喜欢吃怎样烹饪的鸡蛋。他每晚睡觉前在她的床头柜上放一杯水。他做了一些她可以在与闺蜜每周一次的早午餐上炫耀的事情——前男友是不允许她参加这种聚会的，但他没有。然而他的行为让她畏缩。这让她很困惑。从逻辑上讲，雷米知道他对她很好，这才是健康的爱情应有的样子；但对她的身体来说，这是一种全新的体验。她的身体反应就像一个得到豌豆的孩子把豌豆扔向墙上——她试图破坏、挑唆、把男友推开。但在这段关系中，她也拥有在其他关系中所没有的——一个心理治疗师。

雷米每周都来做心理治疗，我们分析她身上所有被唤起的东西。我们探索她的感受，以及这种感受可能源自哪里，这样她就不会只是对这种感受被动反应了。我给她布置的家庭作业是体察不舒服和不熟悉的感觉。这并不容易。她多次尝试结束这段关系，有两次差点出轨，但她仍继续留在这种对她来说“无聊”的不适中。

我提醒她，这些都是拍岸巨浪，她需要游过去。她很困惑，因为她以为拍岸巨浪仅仅指两人之间的差异，指他们真正开始了解对方时，也就是他们搬到一起时，踩到对方脚趾这样的事。但我提醒她，任何让她不舒服的事情都可能是拍岸巨浪。拍岸巨浪不一定是完全混乱。对她来说，平静就是拍岸巨浪。于是她留在这种巨浪里，不是紧张地挨过，而是深呼吸，创造获得启示的空间。慢慢地，她的身体适应了新的爱情。她的身体终于放下戒备，变得不那么容易被动反应了，取而代之的是，它变得好奇而乐意。她的身体学到了一些全新的东西——由信任创造的安全空间。雷米有生以来第一次认识到，她不必假装高潮。

我理解我的客户。但是我正在做的正是我告诉她不要做的——抗拒、逃避；游回岸边而不是游过拍岸巨浪；不是体察不舒服的感受，让身体去适应新的爱情体验，而是像我每日早上喝咖啡的习惯一样，试图追寻那些刻在我骨子里的旧的爱情模式。和瓦妮莎在一起的经历是全新的、陌生的，而我渴望旧日的舒适。然而，为这个跟我有同样问题的客户做心理治疗，让我意识到我自己生活中正在发生的事情。我要言行一致。她不知道，她在不知不觉中让我承担起责任。我不想做个伪君子，我本该为她的治疗付酬给她。

我不会撒谎告诉你，我在泳池浮筏上喝着玛格丽特酒[①]，沉浸在极致的幸福里，因为我越过了高中以来留下的旧爱的轨迹。事实上，我经常陷入激流，被拖入水下。我们在一起已经四年了，但当这段新的关系触发我的防御机制，不断冲我举起一面镜子时，我的日子仍然很艰难。有时我游得筋疲力尽，只想让潮水把我带走。但现在，我感觉游得更好也更容易了。有时候，我的身体会喘口气，对我微笑，感谢我给了它一些有益的新东西。这和我经过艰苦的锻炼后，在回家的路上脸上浮现的微笑是一样的。这次我看到了岛屿，它不是迪士尼电影、年轻时的爱情和广告所制造的海市蜃楼。我知道爱一个人就像长距离游泳一样。我也知道我会游得越来越好，因为爱情的花蕾在不断变化之中，如果你问我哪段关系是最健康的，那一定是这一段。我还知道

① 玛格丽特酒（margarita）：用果汁与龙舌兰酒调制而成的鸡尾酒。——译者注

瓦妮莎也在游泳，而且就在我的身边。这种认知对我来说是全新的，每天它都给我继续游下去的力量。

瓦妮莎

当你约会的时候，你遇到的每个人都是你的练习伙伴。你可以开始练习支持、好奇、专注和坦诚。

——梅拉妮·赫尔施（Melanie Hersch），
持证婚姻家庭治疗师（LMFT）、约会教练

就像我第一次接触“游过拍岸巨浪”这个概念时一样，你可能会问：拍岸巨浪和危险信号之间的区别是什么？我如何知道我的直觉不是在告诉我，我应该开始一段新的关系？

如果游过拍岸巨浪有个目标，那么这个目标是学习，是拓展和加深你对自己的了解，是打破旧模式，是提高情绪弹性[①]；而且，也是学习如何回应，而不是对情绪触发被动反应。好吧，所以也许还有很多目标。

约会很像找工作。面试前是否有人告诉过你要记住“他们在面试你，同样你也在面试他们”？你约会的每一个人，都将给你提供一些不同的东西，就像一份潜在的新工作，有不同的薪酬方案和带薪休假制度一样。每个公司的文化是不同的，比如通勤时间和允许灵活在家办公的天数。你约会的人没有好或差，更好或更差，他们都是不同的，都是值得探索的，值得你去确认他们是否适合你，以及你的期望、需

① 情绪弹性（emotional resiliency）：情绪恢复力。——译者注

求、愿望和目标。没有询问和探究，你就不能了解工作的细微之处，人也是一样。有些信息是预先告知的——信息就在这里，要么接受，要么放弃；但有些信息，比如职场文化，你需要去搜集，在关键时刻去体验才会知道。你需要体验真实场景，而不是只看雇主在其网站上写的“共享和建设安全环境是我们的责任，而且我们对狗友好！”这样的俏皮话。

我的意思并不是说，人们是用后即弃或者没有深度的。但是，如果像努力找份满意的工作那样去约会，大多数人可能会在放弃之前多坚持一会儿，多进行一些探索。对于一份工作，你会基于面试对它有初步的认识，但不到关键时刻，你不会真正了解它。

每个人在开始做一份工作或进行前两次约会时，都是一副容光焕发的样子。即使在第三次约会时，你可能仍不知道这个人是不是你可能与之结婚并在一起生活四十年的人。你可能感到心动不已，被他们疯狂吸引（这可能足以让你安排第四次约会），或者你可能因为他们在上次选举中把票投给了某个人而排斥他们（这可能足以让你在晚餐结束前就把他们的号码从你的手机上删除）。但真正了解一个人，真正游过拍岸巨浪，是需要时间的，尤其是这些拍岸巨浪其实更多与你有关，而不是与他人有关。

假设你决定和这个人进行第四次、第五次、第十次约会。你们对彼此的感觉很好。过了一个月后，这个人来找你，说你头一天晚上说的某些话让他觉得你无视他的感受，而且，他觉得你有点居高临下。你的脸开始发烫。你感到你的防御机制被触发，你不想与对方交往下去了。你在心里想：“他不懂我和我的幽默。这是个危险信号。我没有故意居高临下，我只是在做我自己。我在开玩笑。显然我们不适合对方。”

这就是一个拍岸巨浪。

此时你有两个选择。你可以说“去他的”，然后跌跌撞撞地回到岸边，咳嗽着，把巨浪不可避免地从你鼻子里灌进去的水吐出来。或者，你可能想“噢，这很有趣。这个人告诉我，我说的某些话伤害了他的感情，我的防御机制被触发了。我注意到我的脸变得越来越烫，我很想抨击他，把责任归咎于他，而不是道歉。我想知道这是怎么回事。在被理解之前试着理解对方，尽量去理解，努力去理解。让我坐下来，做个深呼吸，直到我更理智一些。然后我会更多地询问他的感受，而不是出于恐惧和防御被动反应”。这时候，你便可以集中精神，把水咳出来，把头发从脸上拨开，然后潜入下一个巨浪，向远处的平静水面游去。（顺便说一下，这是我在现实生活中发现自己遇到巨浪时的做法。这也是每次我和约翰发生冲突时，我的脑海中出现的对话——现在依然是。）

每次出现这样的时刻（任何亲密关系都会有许多这样的时刻），你都有一个选择：像往常那样被动反应，或者这次做出不同的回应。每一次你做出回应而不是被动反应，每一次你停下来检查你自己的感受——为什么，你可以为哪部分负责，你也许应该说出什么却没有说出来——你就离拍岸巨浪远了一点。游过拍岸巨浪，并不意味着你找到了那个与你厮守一生的人。它意味着你在练习，你在把这段关系中的这一刻用作你内心成长的跳板，这将使你和任何与你处在一段关系中的人从中受益。

如果在一段关系中，你所有的决定都是建立在你是否感觉到心动，是否总能感到被理解而不是被挑战或拒绝的基础上，那么你不只会在浪漫关系中，还会在任何选择关系[①]中感受到漫长甚至孤独。我一生中花了太多时间去取悦别人——不惜一切代价，做或不做某事，说或不说某些话。现在，我致力于去习惯我所有关系中的冲突。我喜欢这件事吗？不，当然不喜欢。但这与享受无关（至少不总是有关），而与深度有关，与真正的亲密和脆弱有关。我厌倦了肤浅的关系，它们最终总是让人感觉不满足而且心怀怨恨。我准备好接受真正的考验——当你刚刚经历了一场重大的冲突，或者你所说所做在成人关系中完全不恰当；当你站在对方的角度看问题，与其并肩站在一起，感觉比 1 小时前更亲密、更同步（或者可能是 24 小时之前，这取决于你们争吵的时间）。我宁愿选择每天游过一个又一个拍岸巨浪后，虽然疲惫但异常兴奋的感觉，也不愿站在岸边远远眺望那些本可以发生或我渴望发生的事情。

---

① 选择关系（chosen relationship）：人们在社交、婚姻、职业等方面，可以自主选择的人际关系。

问问你自己

首先，从觉察开始。在你目前的关系中，拍岸巨浪对你来说是什么样子的？给你怎样的感觉？在你的关系中带给你什么阻力？而在过去的关系中，是什么给你带来了阻力？这一问题不仅适用于浪漫关系，也适用于其他任何关系。你什么时候做出过你后来希望没有做出的被动反应？什么时候某个人说的话或做的事会让你产生如此强烈的情绪，以至于让你感到耗尽心神？你是否记得在你人生的另一个时刻，也许在你年轻的时候，对另一个人产生过类似的感觉？你还记得做出过类似的被动反应吗？

那么差异呢？你能否把你和你的伴侣之间的差异看作你们之间的互补，而不是不相容？你的伴侣在哪些方面的优点弥补了你的不足？

我们每天都需要问自己：在对方让我们烦恼的事情中，哪些值得说出来？哪些是伴侣个性的一部分，从整体来看，并没有那么重要，但是当事情变得艰难时却被我们用作逃避的借口？瓦妮莎会说，任何让我们残留着怨恨感的烦恼都值得说出来，但我们也要明白，这与让我们烦恼的具体事情无关，而与它让我们感受到了什么，它如何让我们感到不安全、不可爱、被忽略、被轻视、被视为理所当然等有关。

例如，约翰如果睡觉前在自己的床头柜上放一杯水，那么也会在瓦妮莎的床头柜上放一杯，因为他知道，这对瓦妮莎来说意义重大。因为她的爱语是服务的行动。如果约翰只给自己拿水，瓦妮莎会理解为约翰不爱她。对她来说，这件事很简单，既然他去给自己拿水了，难道不顺带给她也拿一杯吗？但约翰以前认为这没什么大不了。如果瓦妮莎没有告诉他这个行为对她意味着什么，那他可能不会每次都这么做。然后，随着时间的推移，瓦妮莎的愤怒和怨恨将越来越深，很可能在约翰某天忘记买芥末时突然爆发——这并不是因为约翰没有给她拿水，而是因为她感觉约翰不爱她。

练习

以下练习包括两部分。第一部分从这个问题开始：什么样的感觉表明你有一种未被表达出来的需求？认真思考这个问题，顺着这条线索试着回到你被动反应的源头。有时候，源头本身就是拍岸巨浪。如果可以的话，一定要记住让你有类似情绪反应的具体例子，同时弄清楚当时具体的情绪：羞耻？不知所措？困惑？焦虑？被冒犯？自卑？无助？试着不要用以下这些笼统的表达情绪的词汇，如快乐、气愤、高兴、悲伤，应该再深入一些。

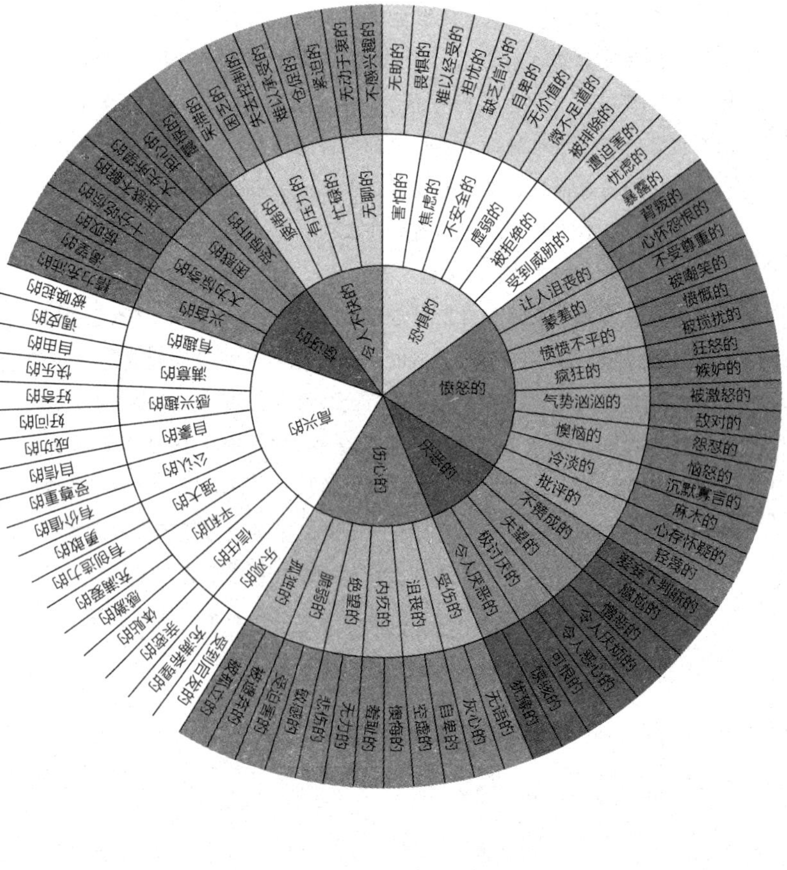

一旦你明确指出了其中几个主要情感，那么打开你的觉察开关，看看它们何时何地出现在你目前的生活和关系中。你当时对这些情感的反应很可能就是你现在对它们的反应。你勃然大怒了？你在羞耻中自我封闭了？你因为害怕被拒绝或被抛弃而谨慎行事，把强烈的情感全部按捺下去了？

第二部分的练习是试着对你的被动反应持开放态度，给它命名。一旦你给它命名后，你就可以看看你是否能够以不同的方式做出回应。这是游过拍岸巨浪的方法。例如，如果你在感到羞耻时封闭自己，看看自己是否可以通过有意识的呼吸或重复自语（如“在被理解之前试着理解对方”）来保持专注。如果你觉得自己快要爆发了，请给自己一分钟的时间照顾你的情绪，安抚你的神经，之后你就会感觉平和一些。

记住，当事情变得艰难时，爱才开始。游过拍岸巨浪，平静就在另一边。在那里，你终于可以开始建造一些真实而持久的东西了。

第七章　抛开过去去爱

还有一个常见的陷阱——许多人都掉了进去，他们的关系由此陷入困境，双方的发展也受到了阻碍——除非我们意识到我们过去的爱情经历对目前关系的影响，并积极解决所有尚未解决的问题，否则，它将损害我们当下的关系。所以，一旦你游过了拍岸巨浪，就必须抛开过去去爱。

虽然你没有一直想着你的前任，但这并不意味着你心中没有残留上一段爱情经历的某些东西。通常它存在于我们意识之下，是潜意识的。所以首先，我们必须觉察它的存在，把过去经历的残留物带到阳光下调查和探究，然后顺着这条线索，找到残留物的来源。最后，努力处理、解决和消除它。

现在，让我们看看一些可能波及当下的“旧物”。

你和前任的关系之舞

每段关系都有一段舞蹈。互撩，来来回回，同步。这段舞蹈不仅涉及你们的共同点，比如幽默、语言、举止、能力，还包括你们如何相处，如何合作。无论微妙还是明显，每段关系都有自己的节奏与韵律——它们在每段关系中都是不同的，因为每个人都不一样。

像许多人一样，你可能试图在目前的关系中复制以前你与另一个人的舞蹈，用过去的方式去爱。这种沿袭过去的做法对你的伴侣是不公平的，也是具有破坏性的。它可能让你认为你的伴侣不适合你，因为你们没有实现你和另一个人曾经拥有的关系动态。但这本来就是不可能的，不仅因为你和另一个人在一起，而且因为你自己也已经是另一个人了。你已经不是那个大学期间与“真命天子”在一起时感受到魔力的你了。复制这种关系动态是不可能的，你在蒙着眼睛奔向海市蜃楼。于是你心事重重，无法投入这段关系，新的舞蹈难以形成，因为你在追逐过去，而不是接受现在并在此基础上建造未来。抛开过去去爱，你必须摘下你的眼罩，否则你就看不到眼前的人与事。

旧爱蓝图

年轻的时候，我们的心是蓬松的雪花，但一次又一次的心碎让我们的心变得坚硬起来。与年轻时相比，我们不再那么信任，却多了一些畏惧，也不再那么愿意接受新的定义。现在，我们的爱被印在斑驳散落的碎冰上。

对我们大多数人来说，年轻时的爱情经历可能是最不健康的。我们没有坚实的自我意识。我们只是用我们的心去爱，而不是用我们的头脑去爱。我们没有任何应对的方法，只是被动反应。我们对爱的定义常常是扭曲和具有破坏性的。在我们进入成年后，这些定义让我们的关系产生了裂痕，阻碍了我们的关系的发展和成长。问题就在于，我们对爱的定义被层层“应该”所包裹。其中一些告诉我们亲密应该是什么样子；性爱应该是什么样子；我们的伴侣应该如何对待我们；在我们生日那天，他们应该对我们说什么、做什么；我们应该如何庆祝我们的周年纪念日；我们应该和不应该向对方透露什么；我们应该如何表现，如何穿衣打扮……这些由成长经历、社会观念和以前的关系形成的“应该”，在我们当下关系的周围筑起一道栅栏，将它与其可能的状态隔开。

愤怒和怨恨

如果你爱过，你就受过伤。如果你还没有以某种方式解决这种伤痛，你很有可能仍然怀有一些已经转为怨恨的愤怒，无论你察觉与否，这一怨恨都在影响你目前的关系。你也许会问：怎样影响？不管你以前受过什么伤，这些伤都会成为你的敏感区，即你的“热灶”。即使你知道它没有开火，你也不想碰它。

比如，你的前男友，那个你以为会与之结婚并生下几个可爱孩子的人，在大学期间背叛了你，而你从来没有处理过这件事，你只是把它抛到一旁，继续生活，并以最快的速度进入另一段关系。当然，那段关系并不成功，因为你遇到了一些你无法应对的新的信任问题，于是，在没有开启原谅你的前男友的工作之前，你又开启了新的旅程。如今，在你目前的关系中，任何可能不忠的暗示——也许他没有马上给你回短信，也许他和朋友们出去时忘记给你打电话——都会引发你的过度反应。这样的焦虑状态阻碍了信任的建立，你不在他身边时便不能安心。这就说明，你仍在使用旧爱蓝图。

我们必须努力去理解和治愈过去的伤痛，这样我们就不会把它们带到目前的关系中，否则的话，我们就会带着恐惧和犹豫去爱。我们会焦虑不安，难以信任对方，不和对方在一起时便疑心很重。

对自己的信念

从过去的关系中得到的最具破坏性的东西，就是我们对自己的错误信念。我们把发生的事情内化，认为只要我们当时不是那个样子，事情就会不一样。如果那是一段不健康的关系，那么在那段关系结束时，我们会很容易认为是我们自己有问题。分手不仅仅是因为我们有错，而且关乎我们是谁，我们是怎样的人。我们有缺陷，不可爱；我们有问题；我们没有能力以健康的方式去爱或被爱。

或者正好相反，我们认为有问题的是对方。我们没有缺陷，是他们有。许多人一遍又一遍地重复这个故事，把他们的前任怎样“有毒”，怎样做了什么，怎样缺乏什么，怎样搞砸了什么，讲给自己和任何愿意听的人。这一信念——“都是他们的错，我是受害者，我什么也没错”——跟你自己承担所有过错的信念一样，都会对未来的关系造成破坏。

这些信念会影响我们的下一段关系，使我们在关系中的表现大打折扣。我们展现出来的是一个不完整的、扭曲的自己，而不是最好的原型自我。这会让关系变得不平衡，让我们最终不断挣扎着证明自己是有价值的，或者证明自己仍然是没有力量的受害者，这将为下一段进一步巩固我们错误信念的糟糕的爱情经历埋下伏笔。不审视这些信念，这种模式便会循环下去，阻碍我们的成长，让我们怀疑健康的关系是否真的存在。

对于一段关系的终结，双方都负有责任——毫无例外。在任何关系中，没有哪个人应该对关系的破裂负全部责任，即使存在虐待或不忠。是的，一个人的行为可能是可怕的，因此破坏了关系，但在此之前，问题就已经存在了。双方对关系动态的影响取决于他们把来自过往经历的什么带进了目前的关系中。也许一个人没有设定健康的界限是因为他们不知道怎么设定？也许他们允许虐待行为或淡化虐待行为的时间太久了？也许他们纵容不良行为是因为他们有根深蒂固的被需要的需求？是的，双方都有错。是的，双方在一些方面都是受害者，在另一些方面又都是肇事者。如果他们拒绝相信这一点，那么他们可能会陷入受害者模式的陷阱，失去成长的机会，因为他们不会直面自己的责任。不承担责任，便没有学习、成长和进步。他们就只会指责对方。讨论责任问题是做伴侣治疗时最不受欢迎的部分，因为双方都给自己贴上了“好人”或“坏人”的标签。“好人”会愿意承担他们的责任吗，哪怕只是很小的一部分，哪怕他们真的受到了“坏人”的伤害或迫害？

错误信念的产生是有原因的。它们变成了一种自我叙事，一种我们相信的有关我们自己的故事。以“我是受害者”的错误信念为例，如果我认为在上段关系中我是受害者，在关系破裂的过程中我没有任何过错，那么我就不需要深入研究和审视自己的行为，承担自己的那部分责任，甚至不用对我“为什么一开始就吸引了那些人”这个问题背后的一些潜意识的模式负责。这种“我是受害者”的叙事变成了把自我隐藏起来的东西。

自我的疯狂之处在于，它认为我们执着于错误的信念，经历一段又一段令我们心碎的关系，比真正面对问题、承担责任、提升自己更轻松。自我不喜欢承担责任，因为承担责任会破坏我们对自己的看法，让我们觉得恶心难受。这就是我们会陷入循环，一遍又一遍地重复类似关系模式的部分原因；而且，这也是有那么多功能失调关系的原因之一。

如果我们把旧的关系之舞或关系动态留在它们终结的地方，撕掉我们的旧爱蓝图，积极解决和消除我们对前任（以及我们自己）的愤怒和怨恨，认真地尝试摒弃我们从以前的关系（和成长经历）中形成的错误和狭隘的信念，那么最终我们可以创造一些新东西，一种全新的爱情体验，因为没有什么比新的体验更有说服力了。除非你开始抛开过去去爱，否则你永远不会给自己带来新的体验。

约翰

不管我们是否意识到或者是否愿意承认，我们通常会把一段关系与其他所有关系进行对比，而这段关系通常不是我们经历过的最健康的关系，而是给我们留下了最深印记的关系。对我来说，那就是我和我前妻的关系。我一头扎进与她的婚姻中，没有救生圈，也摸不到岸边，我很快便筋疲力尽了。在对爱一无所知，也没有任何方法的情况下，我从跳板上用力一跃，跳了下去。在很长一段时间里，我都在否认自己把此后的关系与这段关系进行对比，不只因为我没有意识到我在这样做——这是潜意识的，而且因为我不想将前妻与我的那段关系视作每一次的参照。我不想再让她或那段关系对我产生任何影响。

多年以后，我的模式才发生变化。那是我在约会中遇到一位心理治疗师之后，在我对爱有了新的定义之后，在我了解到健康关系的真实样貌和感受之后，在我通过心理治疗和学习之后，在我抛开过去去爱之后。

在我遇到瓦妮莎的时候，我的模式还没有发生变化。那几年我在努力应对我内心的动荡和阻力。我终于注意到我在把我们的关系与我以前的关系，尤其是我与前妻的关系做对比，更重要的是，我注意到这种对比造成的破坏。我很难专注于当下，这给瓦妮莎和我们的关系施加了不公平的压力。后来我问自己："我在所有其他关系中都是这样做的吗？"在我快速回顾了以前关系中的一些片段之后，我不得不得出结论：是的，我当然是这样做的。我在比较、对照、试图操纵和改变一段关系，而不是专注于为它创造肥沃的土壤，让它生长出自己的美丽。

当我意识到这一点时，我开始有意识地抛开过去去爱。我是怎么做的呢？当我意识到自己心绪不宁的时候，我就通过三个练习把思绪拉回来，它们是：

好奇、接受、感恩。

我完全接受瓦妮莎，接受她的一切。我没有做对比，也没有试图改变她。我学着对她保持好奇，就像刚刚认识她一样。新事物具有一种力量，能够激发我们的好奇心，因为你不能在好奇的同时展开评判。然后，我练习感恩真实的她，感恩她迄今为止带来的一切（包括我们的分歧），以及与我一起创造的一切。现在，这已经成为我每天的必修课，有时候轻松，有时候艰难，但正是这种练习，创造了我前文提到的肥沃土壤。

结果如何？我能够看到并欣赏这段新的关系所带来的一切。更重要的是，我的身体能感受到它。因为这不只是头脑中的觉知，你还必须说服你的身体。

我和瓦妮莎之间的新的爱情体验冲淡了早期的爱情印记和那些过

期的观念。我必须沉下心来，用身体去感受，去体验新的爱情，不再带着过去去爱。

瓦妮莎

你的过去可能指你的成长经历，你的父母和家庭动态，甚至你的朋友关系和同事关系，而不仅仅指你的浪漫关系。所有这些关系构成了“过去”，我和约翰都鼓励你在当下的关系中更好地去爱，放下“过去”。

此外，重要的是你要明白，抛开过去去爱并不意味着将你曾经感觉良好和正确的东西与今天感觉良好和正确的东西进行对比。随着年龄的增加、心智的成熟与经验的积累，你对健康关系的看法也会随之变化。你在 20 岁出头时感觉良好的关系动态，在你 30 多岁时可能就不那么好了。例如，在你年轻的时候，以购物、金钱和喝酒等肤浅的东西为中心的友谊可能让你感觉很好，但这些关系动态不一定被今天的你所接受。

然而，在那些深受过去关系影响的客户身上，我最常看到的是，他们本能地进行比较，认为那些过去感觉不好和不对的经历，现在也应该是不好和不对的。例如，在你 20 岁出头的混乱时期，你想搬家、换工作、换城市、尝试新事物，这时一个稳定的可靠的恋人可能会让你感到无聊；而在你 30 多岁的时候，由于你没有抛开过去去爱，即使你非常想要一个可靠的人，你仍然认为你应该和一个混乱而危险的人在一起。正如你所看到的，有时你会在无意中让自己远离你想要的关系，因为带着过去去爱会强加给你现在对你无用的旧模式、旧定义和旧动态。

玛丽和她的“三连胜”

在为玛丽做心理治疗的一年里，我和她都意识到，在她20多岁到30岁出头的那段时间，出现在她生活中的三个人都让她产生了一种非常熟悉的感觉。一个是她“最好”的朋友，一个是她当时的恋人，还有一个是她的母亲。在与这三人的关系中，她从来没有感到足够安全，从而能够让她真实地表达她的伤痛、需要或担忧，怨恨、羞耻、控制、评判和害怕被抛弃的感受因此便刻在她的心里。无论是直接的还是间接的，言语的还是非言语的，很显然，在这些关系中，健康诚实的沟通、承担责任、成长、亲密，都是不存在的。公平地说，不管对方会如何接受，玛丽自己也不具备沟通方法或情绪弹性来做这些事情。

所以玛丽很少说出自己的想法。这三段关系在情感上都是不平衡的，玛丽默默承担着维持和平的重担，她把自己扭曲成一个总是讨好顺从的人。如果有人说了什么伤人的话，她会耸耸肩，把自己的情绪按捺下去。如果承诺没有兑现，她会假装不曾有过，并责备自己不该抱有期望。如果一种行为模式让她内心不满涌动，她会觉得她有责任克服、接受这种情绪，而不是说出这种行为给她带来了怎样的感受。

在玛丽的生活中，这是最有影响力的三段关系，也是她对人际关系的认知的基础。当她开始来我这里做心理治疗时，她已经在设定界限和理解她与母亲的关系动态方面做了很多努力。她正处于一段刚刚开始的浪漫关系中。她开始明显地感觉到，她和她的“闺蜜”之间的友谊并不是那么美好。

对玛丽来说，当她意识到自己原来不知道一段“良好”和“正确”的关系的真实样貌和感受时，她就将抛开过去去爱了。她过去的经历告诉她，她应该留在一个角色里，而这正是她的心理治疗师在帮助她挑战和放弃的角色。她发现自己不断把过去带进新的关系中。每当她的新恋人向她提出一些他认为对他们来说很重要的话题时，她就会翻白眼，心想："天哪，我们非得什么都谈吗？！"基本上每次都是他强迫玛丽坐在他面前，让她把困扰她的事情说出来，而他没有逃避，没有大喊大叫，也没有辩解。玛丽感到自己暴露无遗。这让她觉得自己非常脆弱。她说得结结巴巴，因为不能很好地表达自己而觉得自己很蠢。尽管这种关系是她所渴望的，但她经常想结束它。她觉得"受不了"。在大约 6 个月的治疗过程中，我们剖析了她觉得受不了的那些时刻，挑战了她的过去和信念——这些曾经使她相信"真爱应该看起来和感觉上都不稳定、不安全，真爱是不应该谈论冲突的"。

在我们一起完成治疗后，玛丽给我发了一封电子邮件，说她终于尝试把一件伤害她感情的事告诉了她最好的朋友。但那位朋友却开始为自己辩解，并把矛头指向她，之后就从她的生活中完全消失了，再也没和她说过话。玛丽还提到，虽然被那样对待让她感觉很受伤、很难受，但她对自己处理这件事的方式很有把握，也对这段关系的状态与感受抱有期望。她还说，虽然每次她和恋人进行艰难的对话时，还是经常发现自己在不安地扭动或想逃避，但她终于开始真正享受那些时刻了。不仅是因为那些时刻通常给她带来了与恋人的亲密感和深度联结，而且让她感到自豪——对自己的需求有了更好的了解，发出了自己的声音。

问问你自己

你之前的关系动态是怎样的？那段爱情之舞表面上看起来是什么样子的？你内心的感受又如何？你会把你和前任的爱情之舞与你和现任的进行对比吗？如果是这样，那么停止对比，学一段新的舞蹈会怎样？哪种关系动态是你一直逃避或试图抵制的？如果你现在不在一段关系中，你能看到这种模式对你过去的关系造成了怎样的影响吗？

你还在坚持哪些旧爱蓝图？你过去的关系或者你的成长经历告诉你关系看起来和感受起来应该是什么样的，不应该是什么样的？坚持这些蓝图——追溯它们——对你现在或过去的关系造成了怎样的影响？

你心中还怀有哪些来自过去的愤怒和怨恨？开始努力解决和消除它们会怎样？

过去的关系让你对自己形成了哪些错误的信念和叙事？这些信念对你目前的关系造成了怎样的影响？如果你现在不在一段关系中，这些信念对你上一段关系造成了怎样的影响？

练习

这部分练习比较难，因为分析旧爱蓝图、舞蹈和叙事需要大量认真细致的工作，如果你能与治疗师一起做，可能获益更多。不过，如果目前没有人与你一起，你也可以自己着手开始这一过程。

挨个回答上面的问题，确保你认真思考过每一个问题。不要快速跳过它们，把答案写出来。

现在选择一个问题，用一周的时间，有意识地观察那个特定的方面或模式在你目前的关系中是如何展现的。如果你现在没有伴侣，那么你可以观察你生活的其他方面，如朋友关系、家庭关系、工作关系，甚至是你内心谈论自己的方式。一次专注于一个特定的模式，可以帮助你避免一下子被大量探究自我的工作弄得不堪重负。这个练习可以帮助你真正了解旧的模式是怎样以你可能一直忽视的方式出现在你的生活细节中的。

每周重复这一练习，每次专注于一种模式。每周结束时，写下你学习到和体验到的东西，以及你所得到的启示。

为什么写日志很重要？我们所有的治疗师都在谈论日志的重要性，并要求客户写日志，这是为什么呢？因为语言是我们的次要处理工具，我们的主要处理工具是身体对情绪的感知。如果我们利用主要工具时遇到了困难，便可以使用语言，通过书写、谈论，或者组合表达，来帮助我们处理那些可能无法理解或难以捕捉的东西。

第八章 我找到你的耳环了

爱的语言这一概念不是我们在研究生院攻读心理治疗专业时学习的东西，它并没有完全被科学所证实。盖瑞·查普曼[①]（Gary Chapman）没有为他那本关于爱的语言的书做大量临床研究，而是基于他作为基督教婚姻治疗师，从为客户做治疗的个人经历中发展出一套系统的理论。这个理论自发表以来，已经进入主流的关系心理学，这是有原因的。虽然它有时有点宽泛，却是一个非常简单的方法，可以让你开始审视自己和你的伴侣（或孩子、同事、家人，或几乎任何与你亲近的人），看看你们每天是如何爱对方的。大多数持证心理治疗师都会使用这一理论为他们的客户做治疗。这个方法很简单，容易记住，便于参考（我们的书架上都有这本书，以便查阅），而且感觉很"可行"。换言之，这不是一个让人望而却步的概念，甚至不像设定界限那样让我们中的很多人感觉困难重重。

以下是五种不同的爱的语言，指的是你在人际关系中感受到被爱、被看见和被满足的方式。

肯定的话语：表达鼓励、同理心、爱和认可等的具体话语。

---

① 盖瑞·查普曼（1938—）：美国心理学博士，登上《纽约时报》畅销书排行榜的作者，享誉全球的婚恋辅导专家。——译者注

高质量的时间：一起度过的专注的、有联结的时间。

身体的接触：拥抱、抚摸后背、坐在腿上等亲密接触。

服务的行动：为对方做点什么，无论他们是否直接要求你这样做。服务的行动可以是一种（表明感情或意图的）姿态 / 态度，比如帮对方洗车，也可以帮他们做一些日常的事，比如做饭。

爱的礼物：给对方送一些有助于让他们感受到被珍爱、被了解的，或大或小的礼物。

如果你想对爱的语言有更深入的了解，可以登录爱的五种语言网站（www.5lovelanguages.com/quizzes/），做一个测试。我们也建议你购买这本书——《爱的五种语言：创造完美的两性沟通》（*The 5 Love Languages: The Secret to Love that Lasts*）。这是一本可以快速阅读且非常实用的参考书。

的确，查普曼的爱的语言采用了一种简单明了的方式，帮助我们将需求分解，这样我们就不会像没有框架可参考时那样不知怎样沟通了。如果我能告诉我的伴侣、父母或朋友，服务的行动让我感受到被爱，那么，他们尝试为我做点什么的时候，就有了可靠的参考。反过来也一样，如果他们告诉我，他们感受到被爱的方式是共度高质量的时间，我就会知道我需要身体力行，专注地陪伴他们。了解爱的语言不仅可以减少关系中的猜测，还可以提升我们的责任感——不仅对我们自己负责，对我们需要别人为我们做什么负责，而且对我们需要为别人做什么负责。事实上，倡导个人对他人负责是查普曼的理论和著作的初衷。

瓦妮莎

我从我的伴侣治疗师那里第一次得知爱的语言，那时我和我的前未婚夫刚订婚，我恳求他和我一起去看治疗师，因为我心里知道，我们的关系出了问题。我们的治疗师试图帮助我们看到我们并没有感受到彼此的爱（当然还有许多其他事情），我们可以通过理解自己和伴侣的爱的语言，感受到对方更多的爱。我深入学习这个概念，我的未婚夫却没有；我做了“爱的五种语言”的测试，但他没有；我和治疗师进行了详细的讨论，他也没有。这在我们的关系中是司空见惯的模式。我推动着我们做更多、感受更多、审视更多、成长更多，而他只是推回来——推给我。至少，这是我一直以来的感受。不管怎样，直到我和约翰在一起，我才真正开始练习爱的语言。多年来，我一直把它作为家庭作业布置给我的客户。我说得头头是道，但我自己从未真正实践过。

在我们交往的初期，约翰和我讨论过爱的语言。我通过服务的行动和身体的接触给予爱和接受爱；他通过肯定的话语给予爱和接受爱，此外，他也通过身体的接触接受爱。（谢天谢地，我们有这个交集！）但我没有意识到的是，虽然这种方式特别有助于认识和理解对方，但这种理解并没有让我们更容易感受到对方的关注、倾听和欣赏。理解爱的语言，对其做纯理性探究，阅读有关书籍——所有这些只是让它发挥作用的一部分工作，很少很少的一部分工作。真正的工作是在实践的过程中才被我们发现的。

我从来不知道，说出肯定的话语对我来说如此困难，直到我们的关系的存续几乎取决于我能否做到——看着约翰的眼睛，用语言告诉他我为什么爱他，我因为哪些具体的事情为他感到骄傲，或者我为什么欣赏他。我可以把这些话写在卡片上、电子邮件或短信里，这没问题，不是说我不能用语言表达自己——要知道，我本科的专业是传播学——但是，当着对方的面，看着对方的眼睛，坦露我的脆弱，这让我整个人窘迫不安。为什么我是这样——害怕坦露脆弱，害怕被拒绝，等等——我可以用我自己的理论来解释，但具体到给予肯定的话语这件事，解释实际上毫无用处。我必须做这件让我不舒服的事，否则我的伴侣就无法感受到我的爱。事情就是这么简单。

即使我们在一起这么多年了，约翰和我每半年左右还会在这个问题上经历一次循环。约翰会向我表达他感受不到被需要或被看到，而我必须接受他的意见，重新承诺要更多地表达出来，尽我所能给予他肯定的话语。这可能是一个令人疲惫的循环，但对于我们保持联结，让他感受到被我看到和欣赏，是非常重要的。

与约翰不同，我通过服务的行动接受爱。当我没有得到服务的行动时，我就会感到怨恨、被人利用，就好像我承担了日常生活中所有繁重的工作，只有我一个人在为爱付出一样。我知道这源于我的依赖共生倾向（我们会在第十三章“去他的爱心树：关于依赖共生”中对此进行更多讨论），但事实就是这样。我可能需要用我的余生来克服我的依赖共生行为；与此同时，我对服务的行动的需求却不会改变。然而约翰觉得这毫无意义。他无论如何也不明白，在他跑腿为我买午餐回来时，我深深地感受到了被爱和被关心。（这里的加分项还在于，他直接选了一些他知道我会喜欢的饭菜，而不是问我想吃什么——各位，“选择疲劳”确实存在。）他不明白为什么他早上收拾厨房并为我煮咖啡，会让我感受到他的亲近和照顾。他肯定也不明白，最重要的是，他把做家务和照顾孩子这样的琐事（我没有要求他做这些）从我的待办事项列表中划掉，让我觉得我不必独自面对生活的琐碎，我找对了人。

乍一看，大多数人认为他们仅仅通过支持对方和做真实的自己，就足以让他们的伴侣感受到被爱了。这难道不应该足够了吗？作为心理治疗师，这样的疑问我听过好几次。但遗憾的是，这还不够。并不是说你不应该做真实的自己，而是说如果你真的爱一个人，你需要努力让他们感受到你的爱。你不能简单地为他们做那些你喜欢他们为你做的事，就认为他们会听到并感受到你的爱。我和约翰经历的约半年一次的循环，让我意识到我在肯定的话语这方面做得不够，这就是一个做得不够便可能引起麻烦的例子。

另一方面，约翰很会说话。毕竟，他是一个作家。他富有诗意和深度，能够把事情用我很难想到的语言表达出来。然而，尽管他在房间随处留下的卡片、诗歌和小纸条让我高兴，但如果他不在场或者没有意识到他为我做的事情不够，让我觉得我在独自料理家务或照顾孩子，那么他说的那些话对我来说就毫无意义了。如果这听起来刺耳，我很抱歉，但这就是爱语是服务的行动的人的真实感受。

耳环

在开始持续 4 小时的心理治疗之前，我只剩下 10 分钟的时间了，而且我还没有吹干头发。我像一只无头苍蝇一样四处奔忙的时候，我那对心爱的耳环——其中一只从我的指缝滑落到水槽的排水口里了。我像个孩子一样使劲跺着脚，大声尖叫起来。约翰听见后冲了过来，以为我可能伤到了自己。我往水槽里扔了一条毛巾，告诉他不要放水，等我有空了，我会把水槽从下面拆开，看看能不能找到那只耳环。我一边嘟囔着一边冲上楼为我的第一段治疗做准备（是的，有时就在你平静地与那个坐在扶手椅上小口喝茶的治疗师打招呼之前，就发生了这样的事情）。50 分钟后我走下楼，却看到台面上放着我的耳环。约翰在这段时间里不仅找到了我的耳环——他去五金店买了扳手，把水槽拆开再装回去，而且把这个“工程”造成的一片狼藉打扫得干干净净。

那一刻，我真的几乎哭出来。不过我没告诉他。我只是对他说“谢谢！谢谢！”，然后跑回去开始下一段治疗。但在那一周里，我给自己认识的几乎每个人打了电话，详细讲述了约翰是如何帮助我找到耳环的。在那一周的治疗中，我甚至把这个故事告诉了我的治疗师。我所有的女性朋友都对他处理问题的方式表示赞赏。我告诉她们，我不必独自“处理”这件事，不必向他寻求帮助，不需要指导或监督他以确保他正确地拆开水槽并重新组装起来给我的感受。截止到那一刻，约翰为我找回耳环这件事比他为我做的任何一件事，包括那几十封情书和卡片、鲜花、礼物、旅行以及背部按摩，更让我感受到了被爱。这并不是说我不感激其他那些东西，我心怀感激，只是那些东西不能满足我的需求，不能让我感到满意，因为它们不是我的爱语。

几天，也许几周之后，我告诉约翰，我已经和很多人谈过耳环的事了，他感到非常震惊。这不仅是因为他不明白为什么这对我这么重要，还因为他不明白为什么我没有告诉他这对我有多么重要。为什么我告诉别人这件事让我感受到多么被爱却没有告诉他？为什么我只对他说了声“谢谢”，却迫不及待地对我所有的朋友津津乐道？我解释说，我不知道，但也许这跟我当面向他表达爱意和感激时觉得自己很傻或很脆弱有关系。给予肯定的话语对我来说永远这么难。

那一刻，我错过了一个大好机会，没有像他让我感受到的那样，也让他感受到被爱。我不需要搜肠刮肚地找寻词语，我只需要告诉他，在他为我做了这件看似微不足道的小事的那一刻，我有怎样的感受，这本来会成为我们之间的一个联结点的。这件事对我们两个来说都是一次重要的学习经历。我们意识到，我们的爱语不需要对彼此都有意义，但仍对我们有效。我也意识到，我需要停止将肯定的话语复杂化，它们不必是浪漫的诗，它们可以是当下对对方表示感谢的简单的话语。

约翰

就像一部你没有看过或没计划去看的电影，但由于你所有的朋友都认为它很棒，你就把它推荐给了每个人……对我来说，爱的语言就是这样的。我知道这个理论，但我从来没有任何个人经历让我真正相信它，直到我遇到瓦妮莎。

瓦妮莎的主要爱语是服务的行动，然后是身体的接触，接着，当然是食物。而我的主要爱语是肯定的话语，然后是性爱（不是调情），接着，当然也是食物。盖瑞·查普曼说性爱和食物不是爱的语言，但我会直接反驳他：它们是。开个玩笑，但对我来说这是真的。

首先，我可能是个性瘾者，也可能不是。如果我是，那也是我以前是。也就是说，我不相信我现在是。对性的渴望不再像以前那样紧紧扼住我的喉咙了——如果没有性，我就无法呼吸，一直如此。我的基因里有瘾癖，我父亲和母亲的家族中都有这样的人。我很冲动，又有强迫症。在我很小的时候，我就接触过色情电影和图片。但在更深的层面上，大量的性爱是我应对、减少焦虑和麻痹自己的方式，这样我就不必面对感情了。性爱是我的解药。如果我在过去的五年里没有冲过几次精神上的冷水澡——这是我不再每十分钟就受到性欲折磨的唯一解释——瓦妮莎和我的恋情不会持续到现在。是的，我现在 48 岁了，仅仅一股劲风不能使它坚挺起来。我现在还有一个女儿，所以就存在情况不允许或没有太多时间的问题。但年龄和有孩子并不能让性瘾消退。也许我只是性欲旺盛，我不知道。因此我默认有一些更伟大的东西在改变我。这是一种选择，很有帮助，对我很有效。

我给我的每个伴侣都施加了性的压力。有时那是一条毛茸茸的韩式厚毯，上面有一条龙的图案，有时候，则是一条轻薄透气的夏毯。但不管怎样，空气中总有一种微妙的唠叨：亲近我，或者更准确地说，取悦我。我以前的大部分伴侣都会因为不想破坏气氛而选择这么做。我敢肯定，她们大多数人都对此心怀怨恨。这种关系动态成为我的准则。我把性与爱联系在一起，如果她和我做爱，她就爱我，否则，她就不爱我。如果她“不爱我”，我就会赌气，非常令人尴尬地赌气，就像一条从水里捞出来的鱼在床上翻来覆去。后来我意识到这不仅仅是饥渴的问题，是我感到被拒绝了，而且不知道如何表达我受到的伤害。就像我们治疗师所说的，我没有应对的办法。我也一直保持着这个想法。

我想这是从我在午餐袋的底部写小纸条，然后把袋子放在我女朋友家的门阶上开始的。那时我家开着一家餐馆。在我休息的时候，我会给女朋友送午餐，在袋子底部放上一张充满爱意的纸条。她是个爱读书的人，特别爱读书。她喜欢文字，所以纸条似乎很有意义。当然，在我们 20 多岁的时候，午餐袋里藏着的纸条意味着真爱，不是吗？每次我这样做时，她都对我充满爱意，就像小老鼠每变一次戏法就会得到奖励一样，模式就这样逐渐形成了。但作为作家，我也喜欢文字，而作为白羊座，我喜欢肯定的话语，所以这一举两得。写情书对我来说很自然，它们让我得到了最大的回报。从那以后，通过肯定的话语来表达和接受爱成为我所有人际关系的准则，直到我遇到瓦妮莎。

我对瓦妮莎的甜言蜜语，并没有像我在以前关系中那样得到回报（赞美）。她很欣赏它们，但它们收到的回应不同。如果我把她的名字写在天空，她会想这花了多少钱；但如果我给她洗车，或者帮她找回卡在排水口的耳环，她就会张开双臂拥抱我，就像她把我弄丢后又找到了我一样。这对我来说是全新的体验，就像我只会说汉语，却和一个说俄语的人在一起似的。我很纠结，我想也许我们合不来。再加上我们对性的需求不同，我经常感到被冷落和被拒绝，直到我开始理解爱的语言，它们对关系造成的影响，以及应该如何应对。

耳环事件是一个巨大的启示。当我听说她把我是如何从水槽排水口找回耳环的事（我觉得这根本不是什么大不了的事）告诉她所有的朋友之后，我才意识到服务的行动对她来说意味着什么——简而言之，就是一切。她对爱的定义是让对方的生活更轻松一点。因为这意味着你不只是为对方着想，还为此付出了行动。这种爱的语言与她的经历分不开。作为家中的老大，她大部分时间都在照顾别人，“破例”被别人照顾让她感到新鲜。对她来说，这就是爱。这合乎情理。

今天，我完全接受了我们给予爱和接受爱的方式不同。我明白我们是不同的人，我不再试图改变这一点。我对说服瓦妮莎吃肉没有任何兴趣，那我为什么要试图改变她在爱语方面的偏好呢？这就是真实的她，爱她意味着接受并拥抱这一点。她也接受了我给予爱和接受爱的方式。随着接受而来的，我们也放下了改变或控制对方的企图。接受让我们放下了期望，因为期望是那个若未被满足就会让我们坠下的悬崖。要求别人用你爱的方式去爱，是不公平的期望。它是个陷阱，会破坏双方的关系。

在接受和放下不切实际的期望后，我们现在可以尝试满足彼此的需求。不是因为我们被迫这样做，而是因为我们想要这样做。这样可以化解怨恨，让爱的磁铁彼此相吸。这就是我所称的“游过拍岸巨浪”。

现在我不再关注我希望怎样被爱，以及如果别人没有用我期望的方式爱我，我会感到多么受伤和失望，而是会考虑瓦妮莎希望怎样被爱。我会问自己，我是否在用她所期望的方式爱她。很可能我没有，所以我尝试去表达她的爱语。这个练习有时轻松，有时艰难，但最重要的是尝试，因为它会有回应，她注意到后便会把“球”打回来。这样，两个人就会都开始考虑对方期望被爱的方式。这就是让关系紧密而不是疏远的过程。没有这个过程，你们只是两个试图改变对方的人，而这是行不通的。

问问你自己

首先，如果你还没有做过线上的爱的语言测试，请试着做一次，让你的伴侣也做一次。既然你们两个都知道了自己的爱语是什么，那么问问自己，你的储爱槽是不是满的。如果没有，怎样才能装满。你可以在哪些方面以怎样的方式向你的伴侣提出更多需求？记住，把你的储爱槽装满并非完全依靠你的伴侣，你也需要勇敢地提出你的要求。

现在反过来看一下这个问题。根据你的伴侣的爱语，你可以在哪些方面有更好的表现，以对方喜欢的方式向对方表达更多的爱？还有一个额外的加分题：用伴侣的爱语给予爱或接受爱是否会让你感到不舒服，为什么？请与你的伴侣分享你自我探寻的结果。

练习

爱的语言实际上只是关于情感需求的学习指南。它们帮助我们理解是什么让我们感到被爱和被看到，以及如何用一种简单的方式与我们的伴侣沟通这个问题。以这些爱的语言为基础，深入了解你们关系中的其他需求。此外，需求并不总是明白可见的，它们会随着你的成长而改变。我们中的许多人都不会向伴侣表达我们的需求，因为我们觉得这样做会让我们显得幼稚、软弱或缺乏自信。这是完全错误的。每个人都有需求，不与对方沟通这些需求可能会让我们和对方的关系随时陷入失败的境地。

对于我们中的许多人来说，如果想了解我们未表达的，因而未被满足的需求，首先要回忆起那些让我们感到安全、自由、被爱、被理解、被支持、被倾听、被欣赏、被尊重或被引以为荣的时刻，然后我们便能明确在这些时刻我们的需求得到了满足。对方（无论是不是伴侣）做了什么或说了什么，让我们有了这种奇妙的感觉？当你这样做的时候，请认真体会记忆中的这种感觉。现在，如果你能在日常生活中重新创造这种感觉，那会是什么样子？

我们的需求并不总是需要通过重大的行动来满足（请看耳环的例子），有时我们自己有办法也有责任照顾好自己的需求。一旦你能够明确自己的需求，就请把它们告诉你的伴侣（有时这是最难的部分），请他们通过付出更多的行动来帮助你感受更多，然后积极给予他们反馈，让他们知道他们在这个过程中做得如何。放弃猜测，关系中的猜测只会导致期望落空和怨恨。

第九章 我不是这个意思！

我们都知道沟通是多么重要。以健康的方式进行沟通的能力是每段关系的“蛋白质”，没有它，你就只有大量无法分解的“碳水化合物”或“脂肪”，这种关系也不会越来越“强壮”。但是我们大多数人都不擅长沟通，因为没人教过我们，因为我们没有锻炼过这块“肌肉”，因为以健康的方式表达我们的感受并不是自然而然习得的。真正自然而然产生的是我们对情绪的被动反应和说服对方的企图；真正自然而然产生的是我们从父母那里习得的行为习惯，比如他们摔门而去或保持沉默；真正自然而然产生的是因为感到不被理解而不断地指责对方并心存怨恨，而不是主动学习如何更好地沟通。

此时此刻，在世界各地的伴侣治疗室里，我敢打赌，有成百上千对伴侣的关系被诊断为存在“沟通问题”。“沟通”是一个宽泛而有漏洞的术语，我们把许多关系障碍都归结于此。事实上，“沟通问题”往往也是伴侣来接受治疗的原因。但是“沟通”到底意味着什么呢？“沟通问题”的根源又是什么呢？

约翰

老实讲，我这辈子从来没上过沟通课。如果不是因为治疗师培训，我不会掌握任何用健康方式进行沟通的方法。我会和大多数人一样，只能从错误、反复试验、许多令人痛苦的争吵和失眠之夜中学习。即便这样，学习如何更好地沟通还是会被搁置一边，跟做冥想练习和修补浴室天花板一角脱落的那块让你心烦意乱的油漆一样，尽管只需要30分钟，但你却从来抽不出时间。直到接受了五次深入的伴侣治疗后，我们才意识到沟通是一项技能，一门艺术。它需要学习、努力和实践，而我们对此一无所知。即使在意识到这一点之后，我们通常也很少花时间学习如何更好地沟通。

我想也许我们应该在手臂上纹上沟通的标记，就像空手道的腰带一样，一看就知道谁完成了任务，谁还没有；谁能提供一个安全空间，谁还不能。这样一来，我们便能知道在一段关系中应该期待什么。如果我们能像看到腹肌和肱二头肌一样，看到一个人沟通能力的强弱，那么这个世界会变得更加安全。我没有开玩笑。

“出肘要快”

好吧，我们开始吧。“沟通”这个话题既模糊又庞杂，我们有很多角度和方法来探讨“如何”沟通，因此不可能仅用本书的一个小节就解决你所有的沟通问题。了解沟通的一个好方法就好比奥林匹克运动会的举重比赛。

举重是以精度为基础的，动作的一个微小调整便可能影响全局，所以如果你给运动员太多指示，他将什么也完不成，你每次只能给他一个具体的注意事项。例如，“出肘要快”。这时只需专注于尽可能快地把肘部抬离横杆，以完成力量提拉。如果他只专注于这一个指令，执行这个指令很有可能帮助他调整双脚和髋部，自然纠正他的动作的其他部分。如果你给他很多指示，比如“把双脚再打开一些”“出肘要快”“早点提拉”“直视前方”，那么他很可能一项也做不到。一次要接受太多东西，这往往让人不知所措。学习如何更好地沟通也是一样。一次只专注于有限的几件事，而不是试图同时做太多或改变太多，效果会更好。

以下是我们为沟通准备的三个“出肘要快”的注意事项。我们认为这些指令不仅对我们的客户有帮助，也帮助我们改善了自己的关系。我们相信，如果你把注意力集中在这三个注意事项上，事情就会开始协调起来。你会成为一个更好的沟通者，你的关系也将有更多的“蛋白质”——这是成长所需的基础养分。

1. 在被理解之前试着理解对方，也就是说，试着去创造安全感

约翰

在我大半生的时间里，我都会在女朋友说话时想着如何反驳，就好像我们在法庭上，而我是一个年轻有为的律师，正在试图证明我的观点。我不会听她在说什么，因为我正忙着考虑怎样辩护。在经历了离婚、获得心理学硕士学位，以及在实习期间为人们提供了 3000 小时

面对面的心理治疗后，我才意识到，良好的沟通始于安全感。如果你没有听伴侣在说什么，便试图证明什么或表达自己的看法，你就没有创造一个安全的空间。如果你打断你的伴侣——就像我过去经常做的（现在有时也仍然会做）那样，在没有完全理解对方的立场、视角和想法之前，就想好了回应、角度和辩解，那么沟通就如同在水泥地里种菜——没有土壤。

这种沟通模式在我身上如此顽固，直到今天我还在与它斗争。当瓦妮莎让我坐下来谈论一些一直让她烦心的事情时，我感到我的身体绷紧了，就像要准备战斗一样，我本能地抓起我的盾和剑。但后来我想起了"出肘要快"，于是我集中精力去理解，而不是试图被理解。我没有忽视自己身体的感受，我只是意识到了它，并知道它来自我的成长经历——我在一个吵闹的韩国家庭长大，我的家人不是首先倾听和理解，而是指责对方、说服对方。

如果你也成长于一个彼此喊叫、忽视感受的家庭，你的身体也会习惯性地认为这就是常态。或者，你所习惯的常态是在另外一种家庭中形成的，在这种家庭中，人们感到沮丧时会封闭自己，暗自生气，然后忍下一切，把问题掩盖起来，假装一切都很好。当你感到潜在的威胁、冲突或对立时，你也会本能地拿起盾和剑来保护自己。如果你是在和兄弟姐妹争抢食物的过程中长大的，同样的事情也会发生。很有可能，成年后的你不会在晚宴上分享食物，你会护着你盘子里的东西，而你的朋友会觉得你很古怪——其实你并不古怪，只不过食物激活了你的生存模式。

因此，艰难的对话会让我们陷入生存模式——像孩子一样努力让别人听到。我们要么奋力尖叫，要么沉默不言，甚至试也不试，这取决于我们小时候习得的模式。我们沟通或不沟通的方式，从我们出生时就逐渐形成。

认识到这一点，我就会提醒自己，我正在调整自己的身体，以便让自己在遇到问题时不再惊慌失措。挣脱旧的束缚（在理解别人之前需要先被别人理解），创造并探索一个新的空间，同时学习在新的空间（先尽力理解别人）中成长。我知道这就像你在健身房锻炼肌肉，需要大量的重复练习。所以，我试着对自己有耐心，把每次谈话看作一次锻炼，让自己成为一个更好的沟通者。

瓦妮莎

我取得了传播学学士学位，但几乎不记得学过什么东西。我花了很多钱上了一所私立大学，学习独立生活，参加很多派对，得到一些很棒的实习机会，这些最终让我得到我的第一份工作——市场营销。但对平时的课程呢？我大概只对两门课有印象［向我唯一难忘的教授苏珊·皮奇洛（Susan Picillo）致敬］。说这一切是为了让你知道，关系中的沟通不仅难，而且是你无法通过阅读和上课来实践或改善的事情，如果可以，那我会成为这方面的大师（或者至少是个学士）。

只有通过艰苦的实践，你才能提高沟通能力。你勇敢地去沟通，你跌倒了，你显得很蠢，你搞砸了，你再试一次。渐渐地，你学会了新的技能。就像骑自行车一样，你要训练你的神经系统，让它不再像你小时候那样做出被动反应。例如，我成长在一个自我防御心理很强的家庭。在这样一个家庭中，你犯错的时候不会承认，不会坐在那里倾听对方的意见而不去反驳、说服对方，你会对脆弱的情绪嗤之以鼻，而且肯定不会道歉。所以毫不意外地，对我来说，“在被理解之前试着理解对方”是一个非常陌生的概念，过去是，现在依然是。

可能是在我进入研究生院攻读心理治疗专业之后，也就是我 30 多岁之后，我才开始积极地提高自己坐下来倾听对方而不打断对方的能力。对我来说，争论会立即带来以下两种被动反应：

①我们的关系不会成功！放弃！放弃！

②我犯了错，所以我很糟糕。

凭借大量的反思和伴侣的帮助（约翰能够观察并温柔地向我表达他所注意到的我的被动反应），我才意识到任何有关我们的谈话，有关我说过或做过的伤害他感情的事情，或者有关我们在这段关系中需要改进的地方，都会触发我深深的羞耻感。它让我觉得自己不够好、不够努力，很失败、很糟糕。当羞耻感在我心底滋生时，我就会退缩。这意味着，我基本上会否认这些事情与自己有关系。我不再关注当下，我变得心事重重，开始盘算我应该怎样离开这段关系（我们稍后会深入探讨依恋风格——你可能已经看出我趋于逃避型）。

对自己的这一理解让我产生了巨大的自我同情，也让我有机会尝试给自己带来新的体验。当约翰和我发生激烈的谈话或争论时，如果我觉得我的防御机制被触发，我就会开始在脑海里一遍又一遍地重复“在被理解之前试着理解对方”。这已经成为我的“咒语”。我还会坐在座位上做一些帮助自己保持理性的事，比如掐腿或者用指甲抠椅子，然后一遍遍地重复这句咒语。这种练习迫使我专注于当下，感受当下，而不会胡思乱想。它可以防止我的大脑被“战或逃”的反应完全控制，这样我就有希望保持足够的逻辑能力，减少我的被动反应。这有助于避免我跳起来为自己辩护或指责约翰，而是给他一个倾诉的空间。

对我和我的沟通能力来说，“在被理解之前试着理解对方”真的是游戏规则的改变者[①]。此外，这条指令还为“出肘要快”的第二个注意事项——约翰称之为“读懂潜台词”——奠定了基础。

2. 读懂潜台词

沟通有两个层面：字面和潜台词。字面就是传达出的直接信息，“我不在乎他是否只是你的一个朋友，我不想再让你和他见面”。而潜台词则是其内含的真实意图：“你们的友谊让我感到了威胁，我很难信任你。”潜台词藏于字面之下。

我们大多数人只关注字面，而不关注潜台词。仔细琢磨一下，字面只占沟通的3%，97%是潜台词、语气和身体语言。所以，如果你只关注对方说了什么，你只能理解他们所说的3%。这是沟通中最容易犯的一个错误，也是人们感觉自己被忽视的主要原因。

理解字面背后的意思极其重要。沟通不在于说了什么，语言只是表象。就像演戏一样，如果你没有能力理解字里行间的意思，就不可能成为一个好演员。你不知道角色的真实想法和感受，自然也就无法表达出来。有时候人们说的和实际感受到的并不一致。因此，如果你不能读懂伴侣的言下之意，你就不能成为一个好的沟通者。真相不在表面，而在潜台词中。

---

① 游戏规则的改变者（game-changer）：在某个领域或行业中产生重大影响，使得原有的规则、方法或观念发生改变的人或事物。——译者注

当然，你的任务也不是去扮演侦探的角色，深入挖掘直到找到潜台词。我们只负责保持我们这一侧的街道没有障碍就可以了。也就是说，在任何关系中，我们每个人只需保证我们自己在沟通中保持清晰和友善，并努力创造一个坦诚的、富有同理心的空间，可以让对方感到足够安全，从而去探索和交流话语背后所要表达的真实意思。如果你的伴侣没有领会你话语背后的潜台词，那并不一定是他们的错。

约翰

我一直是一个听话不听音的人。“你又没说，我怎么会知道呢？”这是我常用的辩词。这不是我的错，是你的错，“你没说。所以你需要学会把话说清楚。我又不会读心术”。我不是在把“球”打回去，而是在退出“比赛”。

没有人会读心术，但我们都能读懂身体语言、语气、态度。我们能读出字里行间的意思，注意到没有说出来的部分，或者至少我们可以试着这样做。尝试，才是最重要的。因为只有多尝试，你才会变得更好。通过了解我们伴侣的人生故事和他们存在的问题，我们可以根据现有信息推断他们可能想说或者不想说什么。所有这些都不存在于字面，但都是沟通的一部分。你不是仅仅在听对方说了什么话，而是在阅读一个完整的人，在阅读中你会基于他们的人生故事，考虑他们是怎样的人，为什么会这样。你越了解那个人，你就越少用“但是你什么都没说”这个借口。

比如，我知道当我们想出门去什么地方时，瓦妮莎会一边自言自语、四处奔忙，一边收拾洛根的尿布包、牛奶、玩具、围兜等，我的工作就是问她我能做些什么。她可能会说“不用，我可以”或者“好的，你能不能帮我……”，但无论如何，仅仅是我问她是否需要我做什么这件事就能让她平静下来。她的态度几乎会瞬间发生变化，因为我理解了潜台词。她的言下之意是：你能不能提出帮我一把，表示你看到我现在忙不过来？请求帮助对她来说很难，也并不自然，所以，有时候我必须通过阅读她的态度和身体语言，来听出她真正在说什么或要求什么。如果我理解了，她就会有更多被倾听和被爱的感觉。

然而如今，我面临的问题与之完全相反。在与那些难以表达自己的女性交往之后，我现在特别注重读懂潜台词，以至于忽略了对方实际上说了什么。当我问瓦妮莎是否有什么问题时，如果她说“没有，没事”，我就觉得她在说谎。我觉得她在隐瞒什么，因为表达感受对她来说很难。我开始胡思乱想，制造出一幕幕并非实情的场景。等我回到家时，我已是满腔怒火。在我的脑海里，我们已经分手又复合五次了，然后我们又分手了。

我所受的训练总是让我向深处看，但有时别人说出口的话，并没有蕴含什么潜台词。如果我想在自己的关系中成为一个更好的沟通者，目前我的任务就是摆正心态，分辨何时对方的话语表达的仅仅是字面意思。

瓦妮莎

在研究生院，我们把分析潜台词称为“内容与流程”。我们接受的训练是倾听内容，暂停，进入分析的流程。内容可以是一种隐藏方式。它可能让我们坚持思考、不断回想、解读细节，而不是活在由情绪带来的感受、记忆或联想中。对我们很多人来说，表达感受和情绪很难，因为这会让我们变得脆弱，所以我们躲在内容背后，把自己隐藏起来。在我们的日常生活中，这通常没什么问题，但在我们的亲密关系中，把自己封闭起来，无论对说话者还是倾听者来说，都是阻碍沟通的一堵墙。

关注沟通和倾听的流程——听懂潜台词，对双方都是有益的。作为说话者，如果我能慢下来，意识到我一直在说而没有在感受，我就能更深入地向约翰表达我感受到了什么，我面临着什么困难，以及我有什么需要。我会说“经常收拾你的袜子让我觉得你不尊重我的时间，觉得你希望我包揽所有的家务。对我来说，在这段关系中感到被尊重非常重要。不把你的袜子到处乱扔会让我有被尊重的感觉”，而不是“我讨厌收拾你扔在屋子里的脏袜子”。这是两种完全不同的对话。

作为一个难以说出自己想法的人，我知道记住这一点很重要——总是试图看到或听到我所说的内容背后的信息，不是倾听者的工作。那会令人筋疲力尽。如果倾听者非常善于辨别潜台词，有时说话者可以不说出自己的想法或表达出自己的需求。尽管如此，如果倾听者以富有同理心的方式反馈他们听到的内容，并询问与说话者的感受有关的问题，这对说话者是很有帮助的。这种做法有助于对方慢下来，进入沟通的流程。例如：

说话者：我太讨厌收拾你满屋子乱扔的脏袜子了！

倾听者：我听到你说对我很不满，我猜你觉得难以忍受，对吗？

说话者：是的，谢谢，没错。总是帮你捡袜子让我觉得你好像不尊重我的时间，觉得你希望我包揽所有的家务。对我来说，在这段关系中感到被尊重非常重要。不把你的袜子到处乱扔会让我有被尊重的感觉。

有时候，如果倾听者不把他们听到的意思表达出来，就很难达到最后的效果。如果倾听者产生了防御心理，把说话者表达的意思视为针对他们个人，那么双方都无法把自己的感受说出来，沟通便无法顺利进行。

约翰和我得出的结论是，有时候沟通需求是双向的。如果你很了解你的伴侣，你知道他们有不满，比如，他们感觉自己好像在孤军奋战，或者他们感觉总是需要包揽一切，那么你就应该在这些方面更敏感一些。在训练自己更注意潜台词的过程中，你也在帮助你的伴侣编写新的叙事。如果他们不需要一遍又一遍地表达同样的需求，你就帮助他们感受到了被看到和被理解，因为有时你会根据你对他们和他们的叙事的理解来预测他们的需求。注意到伴侣的潜台词的好处有助于我们不把他们对我们说的话当作针对我们个人。如果我在不堪重负时失去沟通技巧，突然说："我真讨厌给你捡袜子！"听出潜台词的约翰是能够意识到这并不针对他，这其实是关于我自己和我的故事的。

3. 健康的沟通介于毫不隐瞒和掩盖真相之间

约翰

我曾经相信爱和沟通意味着把一切都告诉你的伴侣，不隐藏任何东西。这才是你和你的伴侣一起生活的状态，你应该完全透明。爱应该是保鲜膜，而不是铝箔纸。什么都不应该隐藏，如果你在隐藏什么，那你也在隐藏你自己。但在经历了多段失败的恋情和接受心理治疗之后，我明白了保鲜膜也会让人窒息，它不是健康的爱情和良好的沟通应有的样子。坦露一切和毫不隐瞒是我从我酗酒的父亲那里耳濡目染得来的一个扭曲的沟通观念。我的父亲毫不隐瞒他自己的情绪。但坦露一切是有责任的。你不能只是对人们一吐为快，那是孩子才做的事，而我以前就是这么做的。

几年前，导致我婚姻破裂的第一根撬棍，是我向我的妻子坦白，我在 20 来岁的时候做过几次色情按摩。因为我以为我会娶我的女朋友，而我当时没有多少性经验。我觉得上帝在告诉我，我需要承认自己的罪过。回想起来，我不知道那是上帝还是我的负罪感在起作用，也许是因为我不想再背负这个令我羞耻的秘密。这个秘密太沉重了，所以我告诉了我的妻子。

结果并不是我想象中的样子。她所听到的是我背叛了我的前女友。她不理解那部分的我，那个 20 多岁性欲旺盛的我，或者那个有着荒谬观念的我。总之，这件事没必要让她知道。这是我在认识她之前做的事，我没有必要透露我的这部分故事。但当时我以为爱意味着坦露一切，你的伴侣应该知道你的过去、现在和未来的每一个细节。我不仅错了，而且不负责任。有些事情你的伴侣不必知道。那次坦白之后，我的妻子看我的眼神再也不一样了。

瓦妮莎

我们在人际关系中所做的几乎所有的事情，包括沟通，都可能走向两个极端。一个极端就是约翰所说的“毫不隐瞒”，即过度沟通；另一个极端是毫无沟通。我倾向于毫无沟通这一端。但我是个非常健谈的人，我可以对着一堵砖墙说话（我向你保证，这个对话会很吸引人），工作中我也是个善于沟通的人。我可以解决各种问题，清楚地表达需求和可能的解决方案。然而，如果有暴露脆弱的风险，我就会成为一个掩盖一切的“大师”，以免招惹麻烦。

一开始，我记得我对约翰说过：“我们不需要什么都聊。”他还经常问我出了什么问题，因为他感觉到（而且通常是正确的）有些事情我没有说出来。他在前几段关系中形成的第六感在这方面帮了大忙。但即使有问题，我通常也会说“没什么”，而这对双方都是不公平的。我没有让他成长，没有让他信任这段关系，也没有促使自己通过练习说出需求而得以成长。当他问我是否一切都好时，我很气恼。但是，如果他总是感觉我没有诚实地与他沟通重要的事情，我怎么能期望他停止探问，停止试图与我分享和沟通一切呢？这太荒唐了。

通过实践，我们可以找出沟通的中间地带，即两个极端之间的某一点。对我来说，表达自己的需求不是自然而然的事。避免冲突、不清楚直接地表达我的想法或需求、淡化我认为不值得说出来的感受、认为有需求意味着缺乏自信——这些都是我基于错误的观念默认的行为，而且它们已经构成我沟通策略的基础。毫无疑问，它们不起作用。我已经有足够多的关系（包括恋爱关系和朋友关系）因为我不会沟通而结束，所以我知道我的沟通方式绝对不是正确的方式。

让我们扪心自问，看看我们如何才能在两个极端之间找到中间地带，即我和约翰所说的“负责任的沟通”。

问问你自己

你是一个轻易（甚至过于轻易）分享你在想什么的人吗？如果是这样，试着问问你自己，你可能需要为哪些事情负责？哪些事情应该由你调查、反思、承担责任，而不是带到你们的关系中？你是否在利用你的伴侣缓解焦虑，而不是培养自我安抚的技能？你分享这些是希望达到什么目的？为了改变对方？被完全理解和接受？把你压抑的或焦虑的感受转移到对方身上，从而让自己感觉好一点？

或者说，你是一个不善于沟通的人吗？如果是这样，首先问问你自己，为什么你会闭口不谈或不想分享。你在害怕什么？请诚实面对自己。为什么你觉得你不能把你的真实感受告诉对方？你是否不愿引起麻烦，宁可留在一段心怀怨恨的关系中，一段不被听到或看到的关系中？你觉得这样做有意义吗？你有怨恨吗？

练习

在被理解之前试着理解对方

首先，下决心去试着理解你的伴侣（或朋友、同事、家人）。很可能，这不是你的默认做法。像我们许多人一样，你可能会用“是的，但是”打断别人，在别人还在说话的时候便开始争论或为自己辩护；或者你可能还没说什么，但你心里正在准备反驳；或者兼而有之。接下来，试着去理解对方在说什么；然后做深呼吸，不要打断对方，等对方把话说完。最后，向对方重复你听到的他们说的话。这是一个有助于让对方感受到被看到、被听到和被理解的练习，这也能让你更专注于他们说的话，因为你必须听得足够认真，才能重复他们所说的话。

读懂潜台词

这里的练习，就像在被理解之前试着理解对方一样，重复你听到的对方所说的话，你可以增加难度，说一些类似这样的话：“我能想象这让你感到（怨恨、未被看到、未被欣赏、孤独）……”如果感觉在刚开始练习的时候这样做有点太冒险，你也可以让对方把他们的感受用语言表达出来。当他们说了一些刻薄的、伤人的或者含沙射影的话时，你可以直接问他们到底想说什么。试着这样说：“听起来你刚才说的话里面带着很强的情绪，我想听听是怎么回事。”或者：“听起来可能有什么事让你感觉很伤心，我真的很想知道是怎么回事。”

在毫不隐瞒与掩盖真相之间找到健康的沟通方式

如果你是个毫不隐瞒的人，那么在你分享之前，考虑一下你的话会给对方造成怎样的影响。你坦露心声的目的或意图是什么？你的分享更多是为了你自己还是为了对方？你想塞给对方不属于他们的东西，因为这会让你在短期内感觉好些吗？你是否想伤害他们，因为你正在受伤？这个练习需要你真正诚实地面对自己的沟通动机。

如果你是个倾向于不表达自己的人，那么在这里，你的练习就是做相反的事情——过度沟通。谈论你的每个小烦恼或你感受到的任何不适。这样做可能会让对方感觉很不舒服，甚至觉得有点过头，因此你可以提前让对方知道这是你正在下功夫做的练习，这样他们可以有心理准备。让他们知道你的过度沟通是努力矫正自己的一种方式。有趣的是，当你觉得自己在过度沟通时，他们可能并不这么认为，他们可能觉得你终于表达自己了。

第十章　临阵脱逃：理解依恋风格

当事情变得棘手时，他的本能是疏远我，我的本能是靠近他。这中间的黑洞把我们压垮了。

——巴迪·韦克菲尔德（Buddy Wakefield）

多少回合是太多？

是索尼娅打来的电话，彼得不在她身边。她讲述了他们两天前的一次争吵，结果是她向他挥舞着刀，终于把门踢开了。彼得说："咱们要么找人谈谈，要么分手。"

还有一次，彼得试图在他们吵架时离开，索尼娅扑在他车顶上不放手，她大声尖叫，邻居报了警。

还有一次，在争吵中他告诉她他受够了，他再也受不了了，她的反应是把自己锁进卧室，拿着刀威胁要自杀。

还有一次……

他们的关系中存在很多令人担忧的问题，从我的专业角度看，最明显的问题是当他们的依恋风格——尤其是索尼娅的依恋风格——被激活时，他们的行为会变得非常极端，这段关系对他们两个人来说已经变得很不安全了。索尼娅的依恋风格属于极度焦虑型，彼得则是极度逃避型。这是两个处于型谱两端的依恋风格。

这到底是什么意思呢？每当发生冲突——这是常有的事——彼得都想逃避，无论是用言语还是非言语的方式，他都表达了这一点。他想逃避的念头使索尼娅在情绪激动、焦虑和恐慌中完全失控。由于这个原因，在刚开始时，他们几乎完全无法进行任何艰难的对话，每次都会把对话变成一次“世界大战”。

我花了几个月的时间，帮助他们学习沟通技巧，建立同理心，使他们各自都对自己的那部分负责，感受烦恼中被激活的强烈情绪。在我们合作的 18 个月里，他们分手了三次，又复合了三次。这段关系甚至让作为治疗师的我也多次想过（甚至问过好几次）：“你们两个人为什么在一起？你们确定这是你们想要的关系吗？”退一步说，至少这种关系令人恼火。但他们一直来做治疗，承诺尽其所能地学习和成长。他们似乎非常清楚，心理治疗或许也不能挽救他们的关系，但如果不接受治疗，同样的问题会在他们的下一段、再下一段关系中困扰着他们，所以这个问题必须尽快解决。

他们的依恋风格被激活后，他们表现出极端的行为方式。索尼娅和彼得的关系可能并不能让你想起自己当下或过去的关系，但它很好地说明了本章的一个关键点：逃避型激活焦虑型，焦虑型激活逃避型。这两种依恋风格彼此相爱。这是一个两种截然不同的个性类型潜意识地相互吸引的例子，吸引他们的东西正是他们所说的他们最讨厌的东西——他们的情绪反应。

心理学家约翰·鲍尔比（John Bowlby）和玛丽·安斯沃思（Mary Ainsworth）在他们的原创性研究中发现了四种依恋风格。他们的理论要点是：我们的依恋风格是根据我们童年时期的照护者对我们的情感需求（如联结和安全）的反应发展而成的。这项研究其实还在不断发展。最近的研究发现，依恋风格更像是一个型谱，而不是固定的四种类型；而且研究表明，你的依恋风格会根据你的关系类型和关系对象而改变。这项研究还消除了对父母的一些指责，父母可能为我们的依恋风格奠定了基础，但它是通过我们的许多关系经历形成的，并在我们的一生中不断发展变化。

就像人与人不同，各人的依恋风格也是有差异的，但基本上存在一个从“恐惧逃避型”到“逃避型”再到“焦虑型”的型谱，而“安全型”则落在这三者中间。虽然在这个型谱中，有四种主要类型，但通常的说法只有三种：焦虑型、逃避型和安全型。

焦虑型的人难以应对占据了他们生活重心的关系，通常会过度关注对方——对方在做什么，对方的身体语言在表达什么，对方可能在想什么，等等。焦虑型的人可能难以设定健康的界限，他们不断怀疑伴侣是否还需要他们。他们需要伴侣不断地确认和肯定，因为他们的自我价值感与这段关系紧密相关。

逃避型的人难以应对亲密感，不善于表达感情、想法和情绪。他们经常被指责为冷漠和封闭。他们很容易被情感弄得不知所措或不堪重负。对逃避型的人来说，对方靠得越近，或者变得越黏人，他们就越退缩。

安全型的人欣赏自己的自我价值，有能力在亲密关系中做他们自己。他们坦诚地寻求伴侣的支持和安慰。当他们的伴侣需要他们提供情感支持时，他们也同样感到高兴。他们能够保持情绪稳定，并寻求健康的方式来处理关系中的冲突。

此外，正如阿米尔·莱文（Amir Levine）和蕾切尔·赫尔勒（Rachel

Heller）在他们的著作《关系的重建》（*Attached*）中所说的那样，“人们只有在需求未被满足时才会有需要”。他们的意思是，当我们的情感需求得到满足时，我们更倾向于安全型依恋风格。这一现象有时被称为“依赖悖论”。我们要明白，作为人类，我们都在一定程度上依赖他人，它与一定程度的自我理解和表达需求的能力有关，但又不会无法控制地发展为依附或冷淡这些不健康的行为模式。在浪漫关系中，它与寻找和培育你与伴侣的联结有关。这个伴侣应该和你一样有自我认知，承诺像理解自己一样去理解你，并渴望继续学习和共同成长。

瓦妮莎

“你先前在帕特面前说的那些话，真的伤害了我的感情。我觉得你像是我妈妈一样，居高临下、高人一等地对我说话。”

在那一刻，我的脸开始发烫，我努力克制自己，但我发现自己开始失去理性，我的脑子乱作一团，既想结束这段关系（“去他的”“这就是你应该离开的原因”“我真是受够了”），又感到十分羞愧（“我不敢相信我竟然会那么做”“这就是为什么人们认为我是个泼妇”“这就是我所有的关系都会结束的原因”）。

依恋风格是当前非常热门的心理学话题之一。每个人都想知道自己的依恋风格，也想知道伴侣和朋友的依恋风格。他们想知道依恋风格是为什么以及怎样形成的。他们还想知道的两个最重要的问题是：我怎样才能转变为安全型？我怎样才能找到一个安全型的伴侣？

我和约翰是从不同的研究生院毕业，然后成为治疗师的，但我们都认为，我们在读研期间学习鲍尔比和安斯沃思的依恋理论时，只是接触到了依恋风格的概念，对理论的了解只是皮毛而已。直到我们成为职业治疗师，看到未被理解和未加管理的依恋风格在许多客户的关系中造成了显而易见的问题之后，我们才开始真正深入研究。后来，我们在一起后，我们注意到，依恋风格的不同是我们在关系早期产生摩擦的主要因素。约翰的依恋风格倾向于焦虑型，而我则是逃避型。

这种不同以多种方式在我们的行为中表现出来。对于我（明显是逃避型）来说，在令我无法忍受的分歧或争吵中，我想封闭自己，想走开，而约翰却想坐下来把问题说出来（有时必须说个明白）。他想时时与我保持联结，而我喜欢有时保持联结，在其他时候拥有自己的情感空间和私人空间。当我们感觉事态不对劲或者我们之间存在某种隔阂时，他会黏着我，而我则会疏远他。我倾向于把事情藏在心里，很难清楚地表达自己和自己的需求，约翰则倾向于表露一切。如果我没有给予他足够的情感关注，他会变得非常郁闷，而我可能只需一点情感关注就能维持很长时间。

显然，约翰对这些时刻的感知是不同的。但作为一个倾向于逃避的人，当我感到情绪被激活时，我会自我封闭、退缩，竖起一堵墙来保护自己。如果我感到自己的独立性遭到任何一种方式的剥夺或质疑，我就会变得超级敏感，而且我很难适应持续的亲密联结，它会让我感到身心俱疲，引起我强烈的怨恨和对独处的渴望。

关于依恋风格，让我们充满希望的是，我们在成人关系中健康的依恋经历，可以让我们变得越来越趋于安全型。对于作为逃避型的我来说，如果我的伴侣既可以坚定而清晰地表达他对情感联结的需求，又可以尊重我的自主权，在我需要一些空间时不把它当作一种针对，我就能够相信我不会在这种联结中感到窒息，从而能够更长久地保持联结。当我的伴侣能够清晰地与我沟通，并希望我也能够这样做，而且在我觉得被情感淹没需要暂停时，他也能够尊重我，我就会产生更多的安全感和被尊重的感觉。我意识到自己有逃避倾向，被给予这两个空间（情感空间和私人空间）和充满爱意的界限（约翰希望我如何对待他及支持他）让我撤除了自己竖起的高墙。我能够反思自己的情绪反应，发现它们大多是我为了保护自己的条件反射，然后，我便能够挑战自己，根据我真正想要的联结做出不同的选择。

约翰

直到遇到瓦妮莎，我才意识到我的依恋风格是焦虑型，我还以为我是安全型。我的意思是，我学习过这个东西，我不会在任何人身上迷失自己，恰恰相反，我可以找到自己！通常需求感和确定感都来自和我在一起的对象，而不是我。但话又说回来，我从来没有爱上过一个真正的逃避型、一个和我说着不同爱语的人——这肯定会让事情变得截然不同。

我以前的伴侣可能有倾向于逃避型的（当然不全是），比如不能在缠绵时表达感受或保持眼神接触。但我之前爱过的每个人在给予爱和接受爱的方式上都与我相同，这就是我们的桥梁——包括情书、温馨的卡片、充满爱意的小纸条，以及我们共用的爱毯。和瓦妮莎在一起时，我却睡在自己的睡袋里，但我们在同一顶帐篷里——这一点我相信，因为这顶帐篷里贴着两张硕士学位证书。但事实证明，涉及人际关系时，文凭全无用处。

和瓦妮莎在一起一年之后，我觉得自己需要更多的东西。我需要肯定；我需要她告诉我，我是性感的；我需要她渴望我，并用行动表达出来（比如当我回到家时，她把双腿环绕在我身上抱紧我）。也就是我从前任们那里得到的东西。好吧，也许不是把双腿环绕在我身上，但肯定是赞美和第一次谈异地恋的大学生们那样的性幻想。

我越是需要这个，表达这个，瓦妮莎可能越想逃避。我的焦虑型依恋风格触发了她的逃避型风格。当然，我的第一反应是指责她，让她改变爱我的方式。如果她偶尔用浪漫的方式表示对我的爱，说她想在我进行视频会议时钻到桌子下面，我就不会那么缺乏自信了。（别担心，这只是个幻想，从未发生过。）但这不是瓦妮莎的思维方式。与此相反，她表达了她自己的需求，这就是为什么我知道我仍然是焦虑型。我了解我很难给她一个她想要的空间，让她感到安全，能够放下戒备，从而让她给我更多我想要的东西。这并不是说她不爱我，或觉得我没有吸引力。她需要的是不必保护自己的自主权——她已经习惯了这样。以前的我不是创造安全空间，而是总是要求这、要求那，这让她更难摆脱自我保护模式。一旦明白了这一点，我就改变了态度。我更多地关注于创造安全空间，更少地提要求了。

终于，我能够放开她的腿，握住她的手了。我开始想到她以前所有的关系，以及她的伴侣不能为她做到这些的情景。那些经历是让她成为逃避型的部分原因。没有人长时间为她提供安全空间，让她感到放松和被爱。现在我有了动力。我想成为第一个给她这一切的人。是的，这里面有自负的因素，但也因为我突然对她产生了同理心。成为逃避型不是她的错，因为她没有得到支持。我把她想象成一个不够“情意绵绵”、正在尽力保护自己的小女孩。这与她爱不爱我没有关系。这与如何学会再次触摸“热灶”有关，即使你知道它没有开着。这与恐惧有关。

随着我对她的同理心逐渐增长，我开始努力去更多地理解她的需求，而不是试图让她来理解我的需求，以创造一个没有充斥着“应该”的安全空间。我有生以来第一次，不仅接受了她爱我的方式，而且开始欣赏这一方式。有趣的是，当你不再关注自己的愿望和需求时，你可以用以前不曾拥有的方式看到对方带来的东西。瓦妮莎给我带来了很多非常好的东西，而这些是我在以前的关系中没有经历过的。她有自知之明，而且勇于承担责任。我可以和她谈任何事。她没有戒备心理，如果有的话，她会承认。她能够照顾好自己，对我非常体贴。她很享受我们的缠绵时光。基本上，瓦妮莎是与我在一起的人中最健康、最专注于当下的人。而我关注的竟然是，她可能不会在我开视频会议时在桌子下面与我亲热（这是我的幻想，我不会真的这么做，别担心）。就在这一刻，我意识到是我有问题，而不是她。

逃避型激活焦虑型，反之亦然。如果你是焦虑型，而你的伴侣是逃避型，这会让你更加焦虑；如果你是逃避型，而你的伴侣是焦虑型，这只会让你更容易逃避。然而，逃避型和焦虑型通常相互吸引，这是棘手的地方。吸引我们的东西也是激活我们防御机制的东西。因此，逃避型和焦虑型都必须意识到他们彼此激活。他们需要选择去习惯自己的不适，适应自己以前不习惯的东西，而不是去指责对方和试图改变对方。当然这很难做到。这与用另一只手刷牙不同，适应感觉不舒服的东西违背我们的天性，也违背了我们一直以来处理人际关系的方式，但这样能把磁铁调转方向，这才是你能够伸展和成长的地方。它能够让逃避型和焦虑型最终开始转向安全的依恋关系，治愈过去的创伤。这就是矛盾重重的关系具有的美妙之处。它可以治愈我们。与跟自己有着不同依恋风格的人在一起可能是负担，但也可能变成最好的礼物。

问问你自己

如果你还没有研究过自己的依恋风格，可以从阿米尔·莱文和蕾切尔·赫尔勒合著的《关系的重建》开始。这本书有点简化，但是一个很好的开端。正如我们提到的，依恋风格是非常微妙的，所以不要把自己归于一个非此即彼的类型，但是对你倾向于落在型谱的哪个位置有所了解还是很有帮助的。

现在，你已经拥有了一些很好的理论知识，你可以开始质疑你的情绪反应了。当我们感受到潜在的被拒绝、被抛弃或被淹没的威胁时，依恋风格往往会被激活。面对强烈的情绪激活，你的反应更倾向于逃避型还是焦虑型？你是否注意到你的反应会因关系类型的不同而不同？你是否发现这些反应会随着对方对你的进一步反应而变化？

假如你还没有研究过自己的依恋风格，如果可能，你可以和你的伴侣约心理治疗师讨论一下。他们可以帮你把镜子转过来，让你看到哪些行为其实可能来自被激活的依恋风格。刚开始时，我们很难在自己身上看到这些东西。

探索你的依恋风格不仅与你的行为有关，还与让这些行为持续下去的想法和信念有关。例如，如果你从比较焦虑的依恋风格中抽离出来，你可能会发现，你以为和你在一起的那个人是世上唯一一个会永远爱你的人，基于这一想法，你觉得你必须抱紧他，不惜一切代价维持关系，不敢说出自己的需求，不断打电话或发短信（即使已经一百次），直到对方回复，等等。当你的焦虑型依恋风格被激活时，请注意那些让你非常恐慌的想法。

如果你倾向于逃避型依恋风格，请注意你那些需要独自行事或不能信任及依赖他人的想法，也要注意你对你们的关系和你的伴侣的消极想法，特别是觉得他们缺乏自信、黏人，或者想从你这里索取太多的想法。

练习

练习总是最难的部分。很多让你变得更安全的练习都与在我们的关系中培养情感安全（同时为我们自己提供情感安全）有关。即使你目前没有伴侣，你也可以与朋友或家人一起练习。

从“问问你自己”这部分中你能够明确指出的一些思维模式开始。当你发现这些思维模式被开启时，你能挑战它们吗？你能否做个深呼吸，问自己：“还有其他正确的模式吗？”你能否坦诚地问自己：“这些想法是真的，还是我现在只是在被动反应？”

如果你发现自己的情绪被强烈激活，你能站起来关注你的身体反应吗？也许你可以专心地散步、做一些伸展运动，或者上下跳动，把情绪宣泄出去。关注你的身体是摆脱胡思乱想的好方法，它能够平复你紧张的神经系统，重新打开你的逻辑思维。

同样的练习也可以让我们开始把想法和行为联系起来。如果你不能在这些想法转变为被激活的依恋行为之前发现它们，你能否把更多的注意力放在你的某些行为方式或你所说的话上面，并反思一下？问问自己：“在我的理想关系中，这是我想要的行为方式吗？”如果答案是否定的，那么你更喜欢哪种行为方式呢？

在挑战和改变不健康行为的练习中，首先明确指出行为背后的需求是非常有帮助的。你的伴侣在这一刻做什么或说什么能让你平静下来？你能向他们明确表达未被满足的需求和由此产生的恐惧吗（即使这样做让你感到非常不舒服）？

例如，你发现由于没有得到某人的回应，你便不停地给对方发短信或打电话。你知道你真正渴望的关系是一种带给你信任感、安全感和平静感的关系，不妨问问自己这种关系是什么样子的。首先，当你不停地发短信或打电话时，用语言来形容你内心被激活的情绪：“我现在之所以感到这样焦虑，是因为我只想从你那里听到你和我一样重视这段关系。而由于我联系不上你，我就认为你不是这样想的，并不断强化这种感觉。”然后陈述你需要听到的：“我只需要听到你说，我们一切都好。”

或者，我们假设你是那个接到十个电话、语音邮件或短信的人，你不理对方，而且对对方如此需要你的情感支持感到生气，觉得对方显然不是你的“真命天子（女）”。你知道你真正渴望的是一种彼此信任的关系，在这种关系里，双方都能够用一种彼此尊重的方式沟通。问问你自己，这种关系是什么样子的。用语言来描述你被激活的情绪：“我感受到你的焦虑，你渴望我做出回应，这也让我感到焦虑，因为我觉得我不堪重负。”然后陈述你的需求：“我看重这段关系，我需要一个小时独自一人休整一下。我保证到时候给你打电话，我们可以谈谈。”

焦虑的人要么能够听到你的心声，并尽最大努力满足你的需求，要么听不到。不管是怎样的回应，都可以让你了解到，在你内心成长的路上，他们在这一刻是否有能力满足你的需求。

* * *

本章对依恋风格做了一个超级简化的介绍。由于我们不可能在这里涉及所有细节，我们强烈建议你和你的心理治疗师一起做更多的探讨。

最后一点，也是非常重要的一点：当你的需求在关系中得到满足时，你的依恋风格便不会被激活。当你的依恋风格没有被激活时，你们的关系便不会那么紧张和戏剧化。但是，我们的神经系统有时会把这种缺少戏剧性解释为无聊或缺少化学反应。如果你因为长时间的平静而质疑彼此的吸引力，那么试着给你们的关系一段时间。你的神经系统需要很多练习才能习惯这个概念——平静即健康，并开始意识到在一段安全的依恋关系中，其实不需要不断推拉或交错到来的高潮和低谷，你的需求已经得到了满足。

第十一章　如何不战而战

约翰

我的父母是老派的韩国人，从小到大，没人教他们表达和处理自己的情绪，他们被教导要压抑自己的情感。我父亲是在躲避我爷爷扔过来的盘子中长大的，我母亲有一对本不应该在一起的大吼大叫的父母。我父亲和我母亲的家族中有很多人都酗酒成性。那时在韩国还没有自助会或嗜酒者匿名互诫会之类的组织，你只是尽你所能生存下去。

我的父母吵架时，我父亲会大喊大叫，然后我母亲也冲他大喊大叫，直到有人（通常是我父亲）爆发。接着就是沉默和沉重紧张的气氛。我的哥哥一声不响地从家里溜出去，我则夹在父母中间，既是裁判又是观众，不知道该怎么办。没有人被倾听。没有任何事情真正得到解决。人们只是吵架，然后继续生活。

我至今还记得一个故事，但我哥哥不记得了。我个人认为，他可能抑制了对这个故事的记忆。有一天爸爸回到家，看见我姑姑在哭，她之所以哭，是因为我哥哥带朋友来家里之前，她一直在做一些不太好闻的食物，我哥哥觉得很尴尬，生气地对她大吼大叫，并刻薄地说，她既然和我们住在一起就应该付房租。我看见我爸爸的身影从房子一侧进来时，我正在邻居家的游泳池里游泳，我浮上水面换气时，听到他用坚定的声音命令我哥哥回家去。我从泳池里出来，跟在他们后面。我躲在自己的卧室，从门缝往外看。我爸爸命令我哥哥脱掉衣服，我姑姑恳求我爸爸不要打他。那是我第一次在家里看到在朝鲜常见的情景。我哥哥脱得只剩内裤，准备挨打。

但我爸爸没有动手。我不知道他是否感到了心理冲突——韩国的老派做法（他被养大的方式）和美国人的做法的不同。这是我第一次隐约看到他想以不同的方式行事。但是想要以不同的方式行事和真正以不同的方式行事完全是两码事。我爸爸从没看过心理治疗师，从没接受过任何治疗，也从没学到过任何方法。他也从没戒酒，一直喝到晚年他去世前。他就像一个行走的被动反应器一样生活，劫持别人的情绪空间，说起话来毫无遮拦。

我想知道，那样的生活方式对我造成了多大的影响，其中有多少是因为我从小和我爸爸生活在同一屋檐下学习和吸收而来的。不像瘾癖（我相信瘾癖有很大的遗传成分），被动反应和倾向于劫持空间，这些东西更多来自养育而不是遗传。这是一代代传递下来的习得的行为，它渗透到你的体内，让你习惯地认为这就是常态。等你长大了，你才会意识到它不是。你上学去，看到人们用温柔、理智、体贴的方式相互沟通，你去朋友家，看到没有尖叫和吼骂，家庭争端便解决了，你想知道哪种方式是“正确”的方式。我想知道，如果我的父母当时能够创造一个我们可以表达自己的感受、感到被听到和被理解的安全空间，那么我在我早期的关系中会是什么样子。我想知道，有多少段关系本来是可以挽救的。

在我成年后的大部分时间里，我一直压制我的伴侣，没有给她们被听到的空间。就像我之前提到的那样，我会运用逻辑争论，把注意力放在“我做得对”上，而不是实践同理心，真正试着去理解她们的想法和立场——创造一个安全的空间。因为我不知道该怎么做，我从没学过表达同理心和理解他人。即使学过，我也需要一遍又一遍地练习，来消除我的条件反射和刻在我骨子里的不健康的模式。

知道这是怎么回事就像发现嘴里的蛀牙，你必须拔掉它——但这需要多年的练习。我认为这是我们大多数人犯错的地方：我们并不练习。用简单的对号涂色方式练习，会容易一些。

瓦妮莎

我争吵时有两种模式：沉默拖延或言语攻击。对我（和我们大多数人）来说，跟所有的事情一样，找到中间地带是关键。这两种极端的做法都不健康，都不利于一段充满爱的稳定的关系。

在我的浪漫关系中，我通常发现自己处于沉默拖延这一端，直到我感到自己完全未被听到，被逼无奈时，我才发泄出来。感谢上帝，在遇见约翰之前，我已经做了足够多的改进，所以他从来没有遭受过我的言语攻击。当我想起我对那些我声称爱过的人说的某些话或者说话的某些方式时，我感到非常尴尬。

我发现很多人也对这种行为感到内疚。他们把“只是想坦诚以待”“只是想做他们自己”“只是想说出心里话”作为在争吵中使用刻薄或过激言语的正当理由。但即使你在“实事求是地说话”的时候，也有责任保持善良。攻击、刻薄对待或贬低你的伴侣从来不是一件好事，即使你是在报复他们，因为是他们“先这样做的”。在关系最糟糕的时候，对方跟你说话的方式可以很好地反映出他们的性格和他们处理压力与情绪风暴的能力。

非暴力沟通

除了“出肘要快”——更好的沟通需要专注的三件事——非暴力沟通是另一个内容特别丰富的过程，它将帮助你了解如何不战而战，提高你的整体沟通能力，甚至在你和伴侣看似意见不合的情况下，增强你们的情感联结。

非暴力沟通，也被称为NVC，是心理学家马歇尔·B.卢森堡（Marshall B. Rosenberg）提出的。非暴力沟通旨在将我们带回到以富有同理心的方式给予和接受的天然状态，让我们能够接受内心的引领。非暴力沟通通过同理心将我们联系在一起，从而让我们拥有更令人满意的关系。正如卢森堡在其著作《非暴力沟通：一种生命的语言》（*Nonviolent Communication: A Language of Life*）第二版中所说的那样“它指导我们重新构建我们表达自己和倾听他人的方式”。它不是一个沟通工具或心理学理论，而是一种生活方式。这是它如此强大和可持续发展的原因。

我们将以一种通俗易懂的方式总结非暴力沟通，但我们两个都强烈建议你阅读这本书。除此之外，网上也有很多有关非暴力沟通方法的培训。

首先，非暴力沟通过程分为四个部分：

观察、感受、需求、请求。

“观察”部分可以归纳为能够不加评估或评判地反映我们所目睹的

事实——请注意，只是事实。“感受”部分要求我们拥有一种情绪术语，用以沟通我们对刚刚观察到的事实的感受。第三部分“需求”指的是我们能够表达我们刚刚确认的感受背后隐藏的需求和愿望。最后一部分“请求”是围绕需求提出明确而具体的要求。无论是给予还是接受，都可以运用非暴力沟通的这四个组成部分。

我们想明确指出，对我们大多数人来说，这个过程并不容易。我们的成长环境通常不允许我们以健康坦诚的方式沟通伤害、愿望和需求，但通过学习和实践，我们可以将非暴力沟通的四个组成部分整合到我们日常生活的方方面面，而不仅仅是将它们应用在浪漫关系中。随着时间的推移，我们开始注意到，我们正在参与一种更加坦诚且富有同理心的对话和交流，这让我们能够更加真实地生活和沟通。

这与酒无关

萨姆和史黛拉在接受心理治疗时发生了争吵，在此之前，我已经为他们做了大约两个月的治疗了。每次治疗时，他们都会讲述在过去一周时间里发生的争吵，或者多年前从未解决的争吵引起的伤害叠加的感受。从本质上讲，萨姆不善于表达自己的需求和受伤感，他每次都用一种刻薄、残酷，甚至傲慢的方式跟史黛拉说话。作为回应，史黛拉几乎从不与他沟通任何事情，相反，她忍受着这一切，只是变得更生气，更消极反抗，更吹毛求疵。

一开始我就很清楚地告诉他们，我无法预测他们的关系是否可以挽回，但我可以在诸如沟通这样的事情上帮助他们。他们有个儿子，名叫裘德。即使离婚，他们也会共同抚养孩子。从长远来看，学会互相尊重至少会对裘德（和他们）有帮助。（事实上，我记得我当时说的是“如果我们不能在沟通上至少做到保持礼貌、尊重彼此，我可以向你们保证，从长远来看，受害最深的会是裘德”。）

在第四次治疗中，他们为前一天晚上的冲突争执不下。史黛拉打开了放在冰箱里的一瓶葡萄酒。萨姆进来后，因为她打开了那瓶特别的酒而生气。他说了一些非常伤人的话，说她不听他的话，还问她是不是傻瓜。显然，他已经跟她说过无数次，冰箱里有一排专门为特殊场合预备的昂贵的葡萄酒，而她在一个普通的星期二打开了这样一瓶酒，只为自己好好喝一杯。

在治疗过程中，两人的情绪越来越激动，已经变成了一场“好啦，你总是这样做”和“你总是那样做”的乒乓球比赛——这时我喊了暂停，我开始围绕萨姆觉得他在这段关系中没被听到是怎样的感受，问他一些更深层的问题。我试着去了解更多，但我也在为史黛拉做示范，教她如何问更深层的问题，从而能够在对话中运用同理心，坦露更多的脆弱，从那场永远不会有结果的乒乓球比赛中解脱出来。

萨姆哭了。他表达了他在关系中被极度误解和不被尊重的感受。他不喜欢自己跟史黛拉说话的方式，他也不喜欢自己在这段关系中变成现在这个样子，但他不知道如何表达自己悲伤的缺乏联结的感受。

我鼓励史黛拉使用我们在治疗中一直一起练习的非暴力沟通技巧，进行新一轮的谈话。首先，她在观察后对萨姆说，她看到了他感觉受伤和未被尊重。然后她告诉他，她对他有这样的感受非常抱歉。她说她渴望听到他更经常地而不是只在激烈争吵时谈论他的感受，因为这将帮助她更好地理解他。她问他，他接下来是否可以尝试用“我感到”来表达他的感受（例如，“我感到自己未被听到 / 被忽略 / 被轻视 / 被贬低”），而不是把注意力放在她身上，猛烈抨击她的行为。在史黛拉分享的过程中，萨姆没有试图打断她，而是静静地坐在那里听着。在那一刻，整个治疗氛围发生了变化，而且在当天的治疗过程中，一直保持了这种状态。

史黛拉在那一刻运用非暴力沟通的技巧挽救了他们的整个关系吗？没有。但它是否帮助他们建立了联结，让他们听到话语背后的心理过程，并在那一刻以一种更脆弱、更人性的方式看待彼此？是的。而这正是关键所在。挑战自我以提高沟通技巧，并不会让你所有的关系神奇地在一夜之间变得更好。这是一个缓慢的过程，就像盖房子一样，你不可能在地基有问题的房子里装上华丽的装饰木线和大楼梯。我的意思是，你可以装，但如果那幢房子在风暴中倒塌，岂不是对装饰和时间的极大浪费？

真诚地道歉

很多人以为他们在道歉，其实他们没有。我和约翰在伴侣治疗的过程中目睹了这一点。道歉的第一步应该是只说“对不起”，遗憾的是，他们不这样做。这句话很少从他们嘴里说出来，如果说了，也会马上跟上一个“但是……”，而这个“但是”否定了它之前的所有内容，包括“对不起”。

约翰

沟通中最大的问题，就是人们以为沟通已经发生了。

——乔治·萧伯纳（George Bernard Shaw）

我完全理解为什么道歉很难，因为我就是这样一个人。我过去从来不道歉。我会解释，解释就是我的道歉，所以我非常擅于解释事情。在通常情况下，对方会被我的解释弄得疲惫不堪，甚至再也不想让我道歉了，他们宁愿我闭嘴。

我的母亲也是这样。她会解释好几天，也不会说“对不起”这三个字。我这辈子从没听她说过“对不起”，一次也没有。我的父亲也是这样，我的哥哥也是。我真的相信学习如何道歉要从家里开始，就像学习礼仪一样。从来没有人给我灌输过如果你伤害了别人或做错了什么就应该道歉的观念。我学到的是，如果你伤害了别人或做错了什么，你就没完没了地解释你为什么做了这样的事，并在解释过程中为你所有的行为辩解！我是在不断解释、不断合理化、不断辩解的过程中长大的。这造成了我在关系中的冷淡、疏离和怨恨，因为我只讲逻辑不讲感受。

直到最近——是的，在我45岁左右，离过婚，经历了多段恋情，取得了心理学硕士学位，并帮助几千人真诚道歉之后——我才终于开始道歉。老实说，这不是我从口袋里拿出的写好的花哨的治疗技巧，我只是问自己：“如果有人伤害了我，我希望他们道歉吗？如果答案是肯定的，我希望他们怎么道歉呢？”答案很简单，我希望他们只说“对不起”，不要直接解释他们为什么说了某些话或做了某些事，只要一句诚实、简单、发自内心的“对不起”。说完“对不起”之后，他们可以解释了——但前提是，“对不起”的后面跟着的是“并且”，而不是“但是”。

接着我问自己：“这对我有多重要？这会让我对对方产生怎样的感受？”我意识到听到一句真诚的道歉对我来说极其重要，因为它会让我信任对方，知道对方可以为他们自己的行为负责。因为如果你不能承担自己的责任，你便不能成长。然后我问自己：“如果他们不道歉，我对他们和这段关系的感受会受到怎样的影响？”——它会把我推开，让我不会再像以前那样信任他们了。

在我回答这些问题时，我想到了所有的我从来没有向她们道过歉的前女友，我想到了她们一定产生了怎样的感受，以及那些感受对我们的关系造成了怎样的影响。我突然得到了一个启示，一个简单的道歉本来可以改变很多事情。

老实讲，瓦妮莎是第一个让我真诚道歉的伴侣。当然，我还是会解释，但我确保自己先为伤害了她而道歉。我的道歉以句号结束。如果解释有助于这段关系，有助于让她理解我到底是怎么回事，我才提供解释。我注意到，先道歉再解释是如何卸下我们的防备，让我们再一次带着爱而不是带着伤沟通的。它防止被动反应，促成积极回应。我还注意到它是如何鼓励瓦妮莎做出回应的。一旦她感受到自己被听到，她便会承担责任，为自己的错误道歉。说出你很抱歉这样简单的行为便可以防止争吵的加剧。“对不起”建造的是桥梁，而不是高墙。

瓦妮莎

在我的成长过程中，道歉通常不是“我很抱歉我说了……我做了……我知道这伤害了你的感情”，而是诸如“我很抱歉我们吵架了”这样的话。说了“我很抱歉”，但并没有说清楚是谁的责任。而真诚的道歉是承担责任。如果我们不承担任何责任，那么我们就不需要做任何艰苦的努力去成长和改变了。当我们以后再这样说或这样做的时候，也不会觉得有什么不妥，或者为了赢得争吵，我们甚至可以在方便的时候把责任推到对方身上。

这就不难理解，我那时很难为我伤害了别人承担自己那份具体的责任，有时我干脆不做任何表示。在我的人生旅途中，我时不时地为我的错误道歉，但从来没有采用过一致的方式。我从来没有为一个真诚的道歉担负过责任，直到我遇到约翰。我从来不知道我的道歉不会在日后被用作对付我的弹药，直到我遇到约翰。我从来没有感到足够安全，可以坦然面对自己的过错而不觉得这意味着自己是个坏人，直到我遇到约翰。

真诚的道歉不应该建立在对方的回应上，但如果你感觉这样做是安全的，那这样做的确有助于你表达歉意。我现在意识到，正是约翰向我道歉的方式让我看到，我也可以做到。他会说“对不起”，说得很具体，而且他不会为自己辩解，这让我觉得我也可以这样做。如果他觉得对我这样做足够安全，那我也可以对他这样做。

就像我们已经涉及的并将继续涉及的每个话题一样，很多事情都是双向的。如果你想成为一个更好的道歉者，一个额外的建议是：多和那些擅长道歉的人在一起。关注真诚的道歉带给你的感受，然后培养把这种感受传递给他人的愿望。这种练习会让你在道歉时不从你的自尊或自我出发，而是考虑怎样让对方感到安全、被看到、被支持和被爱。

说了这么多，我承认我在道歉方面绝对不是完美的。我仍然觉得道歉很难，仍然感到羞耻，而且有时我的自尊不允许我这么做。作为一个一生中大部分时间都难以表达自己的感受和需求的人，有时我觉得我好像总是那个道歉的人。这个模式看上去可能是这样的：瓦妮莎说了或做了某事—这导致约翰要和她坐下谈谈—这让瓦妮莎感到羞耻，但她仍然承认错误并道歉—瓦妮莎离开时感到她的感受没有被听到，也从未被听到，感到她是这段关系中的失败者，她没有得到真正的理解。

非常重要的是，我要注意这种模式是何时开始形成的。我会感觉自己好像是“受气包”或“搞砸事情的人”，或者那个为所有改变负责的人，以维护关系和避免进一步的冲突。当这种模式出现时，通常意味着我没有说出自己的想法；意味着我又陷入了心怀怨恨和扮演和平守护者的旧的生活方式；意味着我需要重新致力于练习，注意到受伤的感觉或那些让我感觉不好的行为模式，并把它们告诉约翰，而不是说服自己这些不值一提，然后等着他向我提起这些事情（然后当他这样做的时候，我会感到吃惊和恼火，感觉自己是这段关系中的失败者——如此循环下去）。

如果这也是你的方式，那么即使你是那个道歉的人，让别人听到你的想法也是很重要的。然而，在道歉时加上一个“但是……”，通常不是正确的做法。因为任何“但是”之后的内容都会否定之前的东西。

只有当你真正接受自己的那部分责任，承认自己的错误，并真正考虑以后你计划怎么做，你才能真诚地道歉。

只说“对不起”还不够

正如我们之前提到的，说“对不起”仅仅是第一步。这只是硬币的一面，另一面则是采取行动。仅仅说“对不起”是不够的。简单来说，就是问你自己：这件事我现在打算怎么做？“我要努力克服我的嫉妒感，而不是责怪你。”“在我做出那样的反应之前，我要花一分钟好好想一想。”“我要努力记住我们的纪念日。”“我要和心理治疗师一起处理我的问题，这样我就不会再把这些事强加在你身上了。”“我要修一门情绪管理方面的课程。”只有行动起来，你才能改变。

当两个人真正道歉时——说“对不起”，然后采取行动——他们便开始在关系中建立新模式，打破旧模式。这是改善关系的一个最快的方法。这听起来很简单，但我们的自尊心和我们对永远正确的渴望让我们很难做到这一点。我们不习惯松开那条拔河的绳子。对我们中的大多数人来说，防御机制和自我保护是我们知道的唯一装备。

问问你自己

如果你是“新手”，说“对不起”可能会让你畏缩，那就体会一下畏缩的感觉。道歉会给你带来怎样的感觉？当你面对自己在某件事上的责任时，你的脑子开始想什么？请注意，回答这个问题真的很重要，它可以帮助你找到你回避道歉的根源。是像瓦妮莎难以克服的那种羞耻感吗？是自尊心吗？是无价值感吗？是愤怒吗？对我们很多人来说，道歉与羞耻联系在一起。说“对不起”会带来我不好或不够好的感觉。不管是什么感觉，承认它，并设法理解它的根源。然后，无论如何都要说出“对不起”这三个字，即使这可能会让你感到羞耻、尴尬或想为自己辩解。只有经过反复的尝试，你才会取得进步。

练习

显然，练习的第一部分是真正说出“我为（我所说的或所做的）感到抱歉，以后我会努力（不那样说或那样做）”。如果你一开始很难为你说的或做的事情承担责任，那么至少要试着承认自己的错误，并为你给对方带来的感受而道歉。如果你发现自己一想到道歉就畏缩不前，或者发现自己总是要求对方道歉，那么问问你自己在争吵升级时，你是否试图进行这些对话，可能会对你有所帮助。当我们第一次开始练习健康沟通的技巧时，尤其是当这些技巧对我们来说全然陌生的时候，我们可能会发现自己很快就会被激怒或不知所措。这时候，你完全可以要求暂停一会儿，冷静下来。我倾向于告诉我的客户，他们应该想出一个安全的词或词组，当他们觉得被情绪淹没时，便可以用它来表示他们需要暂停。

被情绪淹没（flooded）：当你快要被情绪压垮时，你的前额皮质会失去作用，你开始只为生存而行动。被情绪淹没时，更高级的思维模式和情感模式，比如同理心，几乎会全部受到抑制。

关于暂停一会儿冷静下来的练习，需要注意以下两件重要的事情。一是任何时候都可以叫暂停。要求暂停的人没有责任解释他们为什么需要暂停，另一个人则必须尊重这个需求。二是要求暂停的人需要对以下事情负责：他们必须说明，在继续谈话之前，他们需要暂停多长时间。10分钟？1小时？24小时？任何时长都可以，但必须给出一个时间限定。这段时间过去后，双方都必须保证恢复谈话。

第二部分是看看你是否可以使用我们在第九章和本章的“非暴力沟通”部分中练习过的方法。你能把潜台词即心理过程用语言表达出来吗？你能向对方反馈你听到他们向你表达的伤害吗？如果对方没有提什么要求，你便能主动道歉和反思，那就更好了。从“非暴力沟通”部分选取一些方法，把这些方法变成你自己的。所有这些方法都会对你有所帮助，你可以尝试使用，直到你找到感觉最真实、对你最有帮助的方法组合。要知道，你可能不会在第一次甚至前二十次就做得“正确”，这很正常。重要的是，即使你觉得自己磕磕巴巴、错漏百出或者看起来很蠢，你也要坚持练习；你甚至可以向对方承认你的这种感受。坦诚地说出你面临的困难，你们可能会建立起更多的信任和联结。

第三部分的练习是，不要在说“对不起”的同时使用“但是”，尽量忍住不说，让谈话只涉及对方在那一刻的感受。听对方说完。承担你的责任。继续留心和注意此刻你产生的情绪和想法，但尽量不要针对自己。深呼吸，放松一下，散散步。看看你是否可以花一点时间专注于你自己。可以想一想如果当时允许你说“但是”，因为你的道歉而允许你为自己辩解，你会说些什么，用语言表达出来，不过，用“而且”代替“但是”（即使你想说“但是”）。对方的感受是合理的，你自己也有值得表达的感受、伤痛或需求。然后询问对方是否可以讨论你的“而且”。之所以要花点时间探讨你的“而且”，是为了确保它不是简单地源自你的防御心理，而是一些需要沟通的、可以让对方了解你和你的问题所在的重要的东西。

第三部分

PART 3

构建可持续的关系

水往低处流，则总体水位上升。

——朱莉娅·卡梅伦（Julia Cameron）

好了，你们已经互相碰撞并检查了碰撞出的火花，知道它是否来自一个健康的地方。你已经探索了你的爱情模式和情感创伤。你正在游过拍岸巨浪，学习如何不战而战。现在是时候建立可持续和持久的关系了。

约翰

这是我在瓦妮莎带队去亚利桑那州做静修的时候突然想到的。因为瓦妮莎走后，我得独自照顾孩子整整一个星期，这是我以前从未做过的事，所以我们安排让她妈妈飞过来帮我一把。此外，我们还有两个临时保姆作为后备。一切安排就绪，她可以放心走了，没什么大不了的。

但在瓦妮莎离开家的前一天，她的妈妈发现自己与新冠病毒感染者接触过，担心给我们的女儿带来感染风险，因此不能来了。然后我们给两个临时保姆打了电话。好在洛根上学后，我有至少半天的时间工作和锻炼，也有一些时间休整。没料到的是，瓦妮莎离开的第一天，学校通知停课一周，因为一个老师感染了新冠病毒。就这样，我独自照看一个蹒跚学步的孩子，而她从来没有离开妈妈超过一个晚上。我做了一个决定，我不会抱怨，不会赌气。我不想让瓦妮莎感到内疚，也不想搅黄她的这趟出行，这是她花了将近一年时间才筹备好的。

我的眉毛上粘上了孩子的屎，因为两岁的她扭来扭去，不想让爸爸帮她擦屁股——只能“妈妈擦”！我把垃圾桶放好时，不小心碰到自动关闭的应急地震控制杆，房子里的暖气停了。然后，我不小心填错了送餐地址，结果为别人的晚餐付了钱。差不多就在这时，愤怒、怨恨的感觉几乎要涌上心头。这不公平，我不该一个人做这些事。而且，瓦妮莎也没有像那个依恋风格被激活的过去的我所希望的那样，每隔两分钟就来询问一下我的情况。这意味着她不在乎我，她不重视我，我感到茫然、不知所措和孤独。

这是个岔路口，我需要做出选择。我可以被动反应、被动攻击，让她因为离开家而感到内疚。我可以在不显得有意为之的情况下触发她的焦虑按钮，甚至可能让她早点回家。或者，我可以自己想办法，竭尽全力。没人会因为脸上沾点屎而死。这可能是我和女儿共度一段美好时光的好机会，因为她妈妈在的时候，她总是黏着她。

我不想撒谎，那一周过得很艰难，感觉特别漫长，但我渡过了难关。就在最后一天，当我和洛根正在挂我们（我）画的“欢迎回家，妈妈”的标牌时，我忽然得到了一个启示。我意识到，我能够不抱怨，能够向瓦妮莎询问她的静修情况和她过得怎么样，能够照顾好自己的事情和心情而不把它们强加在她身上，不仅仅来自我多年来在心理治疗工作中习得的应对方法，还来自我和瓦妮莎共同为这段关系建立的安全空间。我敢肯定，在她离开的那一周里，她也经历了内心挣扎，但她自己承受了下来，并没有强加给我。这是我的第一次觉知，我们的关系是可持续的，我们为这段关系打下了坚实的基础。

你可能在想，当你的伴侣外出工作的时候，你也在没有帮手的情况下照顾了孩子一个星期，而且你们两个也没有因此吵架，这有什么大不了的？这就会影响你们的关系能否持续下去吗？首先，让我解释一下，那是十天，不是七天。其次，是的。我们如何知道我们的关系是否具有坚实的根基，这件事对每个人来说都是不同的。对一些人来说，这可能是在没有扔椅子或没有人身攻击的冲突之后发生的，也许是在不仅满足了身体的渴望，更是让彼此感到被支持、被看到和被联结之后发生的。对我来说，则是在和女儿单独相处了十天，其间没有抱怨，也没有心怀怨恨的情况下发生的；同时，我也能设身处地地感激瓦妮莎作为一个母亲所做的一切。这让我觉得和她更亲近了，也让我更加信任我们之间的关系。

瓦妮莎

在出发做静修之前的几个月里，我对离开约翰和洛根感到很焦虑。他们会没事吗？他会记得给她喂蔬菜、给她刷牙吗？我不在身边，洛根会难过吗？约翰会因为我出门在外而生我的气吗？我能专注于我正在做的事而不会担心家里、日夜焦虑吗？为了落实这次静修，我付出了那么多，所以我知道，无论如何我都要去，即使我妈妈在最后一刻取消了行程，即使得知学校要停课。不管这件事有多难，我知道我们三个都会从中学到很多。

最初的几天很艰难。我睡不好，很难专注于当下。约翰给我发了几次有关洛根大哭大闹或他搞不定的短信。他还给我发了他们下午三点在公园的视频，但她还穿着睡衣。我最好的朋友——同时也是这次静修的负责人——稳住了我的情绪，确保我不会对这些信息做出本能反应。“他们很好，瓦妮莎。她穿着睡衣又怎样，她还活着。另外，我希望约翰不要给你发她大哭大闹的短信。就让约翰自己处理好，让你毫无牵挂地待在这里。这对他有好处，瓦妮莎。他也需要相信自己可以独自处理好这件事。”这是她每天早上给我打气时说的话。

那个星期，各种根深蒂固的过度焦虑和依赖共生的问题涌上心头。我相信约翰能够照顾好我们的女儿吗？我相信他能管好家里的事，不出差错吗？我能允许我为了自己、为了事业、为了我一直构建的东西而专注于当下的体验吗？我能只专注一件事而不必感到被同时拉向多个方向吗？我必须面对的最重要的一件事是：我能否最终摆脱“我永远只是一个无论男友在做什么都予以支持的旁观者”这一想法？

我一直是一个追求事业和目标的人。我在广告行业打拼，在 29 岁时，便管理了一个庞大的团队和三个价值数百万美元的账户，挣着六位数的薪水。在工作中，我非常努力。但我认真约会过的所有男人（包括约翰）在工作之余都有一种激情、一种艺术，这种激情或艺术让他们做一些回报世界的事情，这些事情也往往让他们登上舞台中央。当他们实现自己的那一面时，我却在舞台侧边看着他们发光，抱怨我的工作让我不开心。不要误会我的意思，我一直都很喜欢支持他们，但总有一小部分的我知道，我也有一些别的东西可以分享，而不仅仅是社交媒体活动、饮料品牌和美容产品的电视广告。

因此，在我离开家的那一周，我不仅要应对“我是唯一能为女儿做一切并能为她做好一切的人”这一毫无根据的想法，还要应对我的希望——我可以全力以赴，主导一些真正属于我的、只属于我的，并且得到伴侣支持的事情。他不会因此自尊心受伤，也不会感到低我一等，同时他也不会让我因为优先考虑我自己而感到内疚。

正是在这种认识中，我深刻地体会到，这段关系不同于其他所有关系。我知道的是：约翰以一种我从未体验过的方式支持我，他在那一周挺身而出，让我知道我的梦想和激情与他的一样重要。不仅仅是我知道这一点，我知道他也是这么想的。

这就是我一直想要的那种关系——对我来说，这就是可持续的关系。它不仅仅体现在共同抚育孩子、和谐的性爱，以及能够不战而战，对我来说，伴侣关系的可持续性在于你们能够在让你们真正感到活着的事情上相互支持，在于你们每个人都能够退后一步，给对方支持，让对方充分发光。然后，仅仅看着对方发光，便觉得自己也能真正发光。这样，你们便给这段关系插上了翅膀。

第十二章 我不是你妈，你也不是我儿子

如果每次抱怨伴侣关系中的一方“做得不够”“唠叨”“让我们觉得自己不够好”“表现得像个孩子”“把我们当孩子对待”……我们都能得到5分钱，那我们现在已经成为生活在某个私人岛屿上的百万富翁了。

因为我们是两个异性恋关系中的顺性别者[①]，所以我们将从这个角度来讨论功能不足者与功能过度者的互动问题。在许多情况下（即并非总是如此），在异性恋关系中，这个互动是性别化的（女人是功能过度者，男人是功能不足者）。这样的角色是由我们成长的社会将我们社会化的结果。这并不意味着那些不属于这种异性恋类别的人就不会与这种模式做抗争。作为心理治疗师，我们在同性伴侣和异性伴侣身上都看到过这种情况。

首先，让我们分析一下什么是功能过度和功能不足。两者都是对焦虑、害怕坦露脆弱和感到受伤的行为反应，都反映了未被满足的沟通需求。它们都是通过家庭和社会被我们所习得、所实践，直到成为我们人际关系中根深蒂固的交往方式的。如果我对别人的挣扎、对事情没有得到控制或没有以特定的方式完成、对未知的恐惧，以及对被

① 顺性别者（cisgender people）：与跨性别者相对，指性别认同与其出生时的生理性别相一致的人。——译者注

照顾和被真正看到的强烈愿望等感到不舒服，那么我很可能把功能过度当作缓解这些焦虑的方式。

反之，如果我对体察自己的情绪感到不舒服、感觉不自信、不相信自己有能力或韧性照顾好自己或他人，或者觉得自己不够好，那么我很可能把功能不足作为应对这些焦虑和信念的方式。

那么，这些在实际生活中如何表现呢？以下是一些例子。

功能过度

- 在别人表达费力的时候，帮他们把话说完。
- 给压力过大的朋友提建议，尽管他们没有向你请教。
- 总是为你的朋友们挑选餐馆。
- 提醒别人应该抓紧时间预订车（机）票。
- 为你的孩子做一些他们自己能做的事，因为这样可以减少麻烦。
- 为别人做一些他们能做的事，因为你比他们做得更好或更快。
- 记住伴侣的日程安排，因为他们经常忘记约会。
- 不分享重要的信念或观点，以免让他人焦虑。
- 当你知道有人会搞砸时，制订一个秘密的备选方案。
- 在工作会议上，解释别人的想法，即使他们在场。
- 给别人买一本你推荐的自助书。
- 为别人做一些事，即使他们已经表示自己可以胜任。
- 是一个后座驾驶员[①]。
- 不断地与已经同意接手项目的人确认情况。

---

① 后座驾驶员（backseat driver）：坐在汽车后座上，喜欢对驾驶员发表意见或指导驾驶的人。——译者注

- 给别人留下工作指示，尽管他们自己很容易弄明白。
- 当你感到焦虑或苦恼时，疯狂地为别人完成任务。
- 说很多话来填补对话中的空白和尴尬的停顿。
- 引导孩子远离可能导致失败的经历。
- 为别人的事而担心。

功能不足

- 避免不擅长的日常工作，因为你不想被认为不称职。
- 拒绝学做没有做过的事情，因为过去总是由伴侣代劳。
- 请求伴侣允许你吃垃圾食品。
- 每年都让你的伴侣来处理税务，因为你不了解也不想了解这个过程。
- 请同事帮你做一个你知道自己可以完成的项目，因为你不相信自己能达到老板喜欢的标准。
- 花几个小时在社交媒体上，而不是完成手头的任务，因为你被这些任务压得喘不过气来。
- 知道自己无法按照伴侣喜欢的方式打扫浴室，所以懒得去做。
- 知道自己已经被家人或伴侣视为不负责任、粗心大意或不成熟的人。
- 书桌或工作空间杂乱无章。
- 不整理床铺，因为你认为你的伴侣会整理，或者因为你不相信你自己能整理好。

就像许多其他相异者相吸的关系动态一样，功能不足者和功能过度者彼此相爱。我们潜意识地相互吸引，因为我们激活了对方的依恋风格。说真的，我们的潜意识在寻找这种激活，原因有三个。

首先，这给人的感觉很正常。如果我是和功能不足者在一起的功能过度者，那么我就是和一个允许我功能过度的人在一起。我可以扮演我的角色，留在我的车道上，待在我的舒适区，做我知道我擅长的事情。我可以用这种方式为这段关系增添价值，从而让自己感到被需要，配得上。

其次，功能不足者和功能过度者都希望拥有对方的某些特点，而这些特点是他们自己难以具备的。我们希望拥有一些对方自然而然拥有的东西。

最后，我们没有摆脱强迫性重复的控制。我们不由自主地、一遍又一遍地重复过去的创伤和模式，期待这一次我们将以某种方式解决这一难题，把事情做对，或者把伤口治好。坦率地说，这也是我们在本书中讨论到的在任何关系动态中相异者相吸背后的三个原因。

如果你进入一段关系，却不知道你的依恋风格、爱的语言、战斗方式，以及你倾向于功能过度还是功能不足，那最好的情况是，这些将成为你们关系中的主要摩擦因素，最坏的情况则是，这些最初让你爱上你的伴侣的东西，最终会成为你讨厌他们的原因。

瓦妮莎

> 就像跷跷板一样，一个人的功能不足会导致另一个人的功能过度……功能不足者和功能过度者激发并加强彼此的行为，因此，随着时间的推移，跷跷板会变得越来越难以平衡。
>
> ——哈丽特·勒纳（Harriet Lerner），
>
> 《愤怒之舞》（*The Dance of Anger*）

前任：你他妈的闭嘴！

我：对不起，你他妈的刚跟我说什么了？

前任：你——他妈的——闭嘴！

我：我出去遛狗。我出去后，请你另找地方住。

可悲的是，这是我和我的前未婚夫在正式结束关系之前的最后一次对话，我们都不知道这段关系要如何维系下去了。多年的功能过度和功能不足（许多其他不健康的模式和动态也一样）终于到了非解决不可的地步。我吹毛求疵时，他开始防御。我被动攻击时，他言语攻击。我变得更加直截了当地控制和依赖他时，他游走在退缩和愤怒之间。我根本不知道如何让我的需求得到满足，我总是感到不安全，所以我控制、控制、控制。

直到最近，我才明白我所说的“母亲般的照料”（mothering）是什么，才明白我为什么做、怎样做，如何能够在这样做之前、其间和之后意识到这一点，如何为它承担责任并道歉，如何让我的需求得到满足，或者不必外求便可以自我安抚（在这方面我还在努力）。前文中功能过度列表上的每一件事，我都做过。如果我没有接受心理治疗，如果我没有一个一直支持我、挑战我、不对我进行人格诋毁和攻击的伴侣，那么我可能还在继续被我潜意识中的冲动所控制——为了缓解我的焦虑而去控制别的人和事。

我总是在行动中，总是在防御危险，总是在计划和过度计划，从而尽可能好地掌控事情的结果和应对我周围每个人的焦虑。这让人疲惫不堪！我在过度劳累、不堪重负和怨恨中挣扎。这不仅出现在我的浪漫关系中，也出现在我的家庭关系、朋友关系和工作关系中。回想起来，我可以看到多年来这对我所有的人际关系造成的影响。

我也特别能理解十岁的自己，认为试着照顾我弟弟，试着在情感上照顾我的母亲，给疲惫不堪的她一些安宁的时光，试着开始控制我和朋友之间的所有互动结果，都是我的责任。所有这一切是否真的是我的责任并不重要，重要的是，在我很小的时候，我觉得这就是我的责任。我觉得如果我自己承担全部的责任，我爱的人会更安全、更快乐。而且，我的行为也得到了很多赞扬。我记得人们无数次告诉我，我是多么乐于助人，我是多么懂事，我是多么优秀的一个孩子。在我很小的时候，我就坚信，我获得赞美和爱的方式就是乐于助人、被人需要和表现良好。在我大约 35 岁之前，我从未质疑过源自这一信念的策略。

当你的浪漫关系中出现了功能过度和功能不足的关系动态时，将会出现另一个非常令人不快的副作用：把你的伴侣当成你的孩子或父母，没有比这个更厉害的“性欲杀手”了。

比利时心理治疗师埃丝特·佩雷尔（Esther Perel）说，我们的生物学结构决定了我们不愿与父母或孩子交配。因此，当一段关系转变为父母与子女的关系时，性欲自然会减弱。如果有什么理由可以让我们深入了解并挑战我们的功能过度和功能不足的行为，那么可能就是这个了。

约翰

我经常讲的一个老笑话[①]是，我以前经常问我的前妻，我能不能买幸运符牌早餐麦片。她想要健康的“成人”麦片，而我想要幸运符牌麦片。但我没有直接表达自己的需求，没有自己做决定，而是请求她的允许，乞求她。这其实不好笑，这甚至可悲。我没有意识到的是，我的行为正在强化母子动态，也就是说，在强化功能过度者和功能不足者之间的动态。当然，随着时间的推移，它改变了两人之间的化学反应。我似乎从她的丈夫变成了她的儿子。

我们刚开始约会的时候，她看到的是一个 20 多岁的小伙子，管理着一家时尚餐厅酒吧的十几名员工，在制作独立电影，在写剧本，在从事激情项目[②]。她看到我的雄心大志和领导才能。而当我们搬到一起时，她看到了我的另一面：不整理床铺，在淋浴时尿尿，吃东西像个孩子。这并不是说，我们在一起后我变了。只是她在我们搬到一起生活之前，没有看到我的全部。这证明了功能不足与计分板上的成绩或一个人有多成功没有任何关系，而与他们的情感功能，以及成长受阻和缺乏安全感对他们行为造成的影响有关——而且最终会影响到他们的关系动态。

仔细想想，我发现在我所有的伴侣关系中有一个共性，那就是我的伴侣在某种程度上对我的照顾超过了健康的界限。我不知道我怎么就变成了功能不足者。原因似乎有很多方面。首先，我是家里最小的

---

① 老笑话（running joke）：一个在特定群体中反复出现的笑话或玩笑，通常用于调侃某人或某事，具有一定的内涵和共鸣。——译者注

② 激情项目（passion project）：一个人基于兴趣爱好而真正热衷的项目。——译者注

孩子。相比之下，我的哥哥需要快点长大。他 15 岁时就开始帮我父母付账单、经营家族生意。他是我的保护伞，我不用承担任何责任，整天都可以出去和朋友们玩。我从未学会如何担负责任。做家务、遵守宵禁时间、为自己的行为负责——所有这些培养纪律性、价值观和价值感的事情，我从来没做过。

我也没有得到很多情感养育，我认为这是另一方面的原因。我的父母从未告诉过我，我可以把事情做好。他们从来没有表现出对我的信任，从而让我信任我自己。所以我从小就有一个核心信念，那就是我什么都不擅长，我需要被别人照顾，我是那个“差不多先生”。在功能不足的背后，是那个根深蒂固的信念——你“不会”。

问问你自己

尽管功能过度和功能不足的话题可以写满一本书，但并不是我们在心理治疗学校学到的东西。我们非常确定，在布琳·布朗（Brené Brown）在她的著作《脆弱的力量》（*The Gifts of Imperfection: Let Go of Who You Think You're Supposed to Be and Embrace Who You Are*）中谈到功能过度和功能不足之前，我们都没有听说过这些术语。如果你想深入研究这个话题，可以从心理学家默里·鲍文（Murray Bowen）的家庭系统理论开始。鲍文创造了这些术语。你也可以在哈丽特·勒纳的著作《沟通之舞》（*The Dance of Connection*）中探索这种关系动态。

无论你是功能过度者还是功能不足者，理解并阐明功能过度和功能不足模式的关键，是对回报（payoff）产生真正的好奇。功能过度和功能不足的行为都有一个目的。它们会给你带来一些东西，否则你不会去做。你正在展现的行为会带来什么好处？回答这个问题并不容易，因为我们很难诚实地面对自己，很难顺着这条线索追踪到导致功能过度和功能不足行为的根源——恐惧，而将其归咎于对方以及他们正在做什么或没有做什么则容易得多。

假如你是功能过度者

布朗说“对于功能过度者来说，做比感受更容易”，所以这里给你的问题和练习都与探索内心，觉察感受、情绪，以及你试图通过行动忽略的事情有关。遗憾的是，结束这种不健康的模式通常需要从你自己开始。如果你为功能不足者做了所有的事，他们便不必做了。他们怎么会去做呢？如果你仔细想想，就知道对他们来说，这是一笔相当划算的交易。

如果你发现自己感到不堪重负、心怀怨恨，请密切关注这些情绪是什么时候开始出现的，问问自己：你正在做什么你不应该做的事情吗？如果你知道你不应该做，那你为什么还在做呢？你是否特别担心你正在做的事情不会以“正确”的或你喜欢的方式完成？你是否担心如果你不参与其中，灾难性的事情就会发生？你不信任对方能做到这件事，还是你觉得对方会让你失望？你在逃避寻求帮助吗？请诚实作答。

例如，当我（瓦妮莎）在养育女儿方面陷入功能过度模式，并对约翰没有“尽他的责任”感到恼火时，我需要诚实面对我自己，问自己：“我在什么方面做得过多而没有要求他多做一些呢？为什么？如果我真的退后一步，让他来处理，我担心的事情会发生吗？让约翰去做的事情不会跟我做的一样，但我们的女儿会死吗？”在 99% 的情况下（我不会说 100%），答案显然是“不会”。所以我必须退后一步，让他参与进来，按他的方式去做。

我为此感到担心和焦虑是一件好事，因为就像布琳·布朗说的那样，我可以认真审视和感受这些情绪。这些情绪是我一开始就试图通过功能过度来避免的。你猜如何？如果我从不强迫自己审视它们，我就永远不会去学习如何管理和克服它们。遗憾的是，情绪就是这样起作用的。

假如你是功能不足者

功能不足者应该看看功能不足如何使他们陷入了缺乏能力、渺小、依赖他人的虚幻认知中。这会让人丧失力量。他们需要审视一下他们对替他们做事的人居高临下的态度抱有的怨恨，问问他们自己，他们想永远受到别人父母一般的照料吗？这能让他们兴奋吗？诸如此类的问题。

——德内·洛根（Dené Logan），婚姻家庭治疗师

在压力下，功能不足者似乎会变得更不胜任，因此他们会退后一步，让别人接手。就像功能过度者把事情都做了对自己有好处一样，作为功能不足者，你也会得到好处。有时，功能不足者的好处似乎更加明显。在外界看来，你似乎是这段关系中“做得较少”的那个人，有人愿意为你打理一切——身体上、精神上、情感上。但事实上，在你的内心世界里，你是在通过退缩和让别人替你做事而抑制自己的成长。

你要面对的问题是如何建立和加强你的自尊心，以及如何更多地了解你的优势和能力。所以，请坦诚地面对自己。让别人来承担责任（尤其是情感上的责任），让你在生活和人际关系中获得了哪些好处？反过来，你是否觉得这让你一直长不大，让你依赖别人？这种行为是如何阻碍你相信自己的？如果你站出来，大胆说出来，并承担你在生活中应尽的责任，你担心会发生什么？

练习

最重要的一点是，如果你们一直处于功能过度和功能不足的互动中，那么你们双方都无法成长，或在这段关系中充分发挥你们的潜力。如果一方像父母，另一方像孩子，则你们之间总是会有一种权力差异。这种关系动态在健康的浪漫关系中根本不可能存在（至少不会持续存在）。在一段健康的关系中，你们双方都需要感觉彼此可以依靠，你的弱项可以被对方的强项所弥补，你们是一个并肩作战的团队。

在问了自己这些问题后，你的练习就是重复以下三步：

- 继续探索并提升你对功能过度或功能不足行为的意识。当你发觉出现这种行为时，请停下来，伴着呼吸体察这种意识。如果你发现自己在学习打破习惯的过程中仍在重复这个习惯，对自己耐心一些。
- 请反复问自己这些问题：你为什么会功能过度或功能不足？这种行为有什么目的？你害怕发生什么？
- 对你的伴侣敞开心扉，告诉对方在前两个步骤中，你注意到自己有哪些感受。谈谈你正在发现或试图挑战的自己的行为，以及它们出现的原因。请你的伴侣与你一起分析。大胆说出你需要什么以及为什么。沟通，并坦露你的脆弱。

第十三章 去他的爱心树：关于依赖共生

警告：如果你为了被喜欢而放弃真实的自己，你可能会经历以下情况：焦虑、抑郁、瘾癖、愤怒、指责、怨恨和莫名的悲伤。

——布琳·布朗

和大多数人一样，在我们成长的过程中，我们都喜欢谢尔·希尔弗斯坦（Shel Silverstein）的《爱心树》（*The Giving Tree*）。但随着年龄的增长，对关系功能障碍问题的认识越深，我们就越意识到这本书读起来更像是《初学者指南——如何走向依赖共生》。这个故事（剧透警告）主要讲述了一个男孩和一棵苹果树彼此相爱。男孩小时候既喜欢在树下玩，也喜欢爬到树上玩。男孩长大了，不再跟树玩耍，但偶尔会回来看望它，表达他长大成人后的愿望：金钱、房子、家庭和旅行。树把自己的苹果给他，让他去卖钱；把自己的树枝给他，让他盖房子；最后把自己的整个树干给他，让他去造船。最后，这棵树没有什么东西可以给他了，只剩下一个树桩。男孩变成了老人，坐在树桩上休息。

从表面上看，《爱心树》似乎是一个关于爱和牺牲的美丽故事，但在人际关系方面，它真正教给了我们什么？它教给我们的是：不求任何回报地给予，给予，再给予，直到你变成一个悲伤、孤独的树桩，这是正常的，甚至是值得庆祝的事情。

如果你也像我们一样，也想在人生的旅程中，努力过上尽可能真实、令人满足的生活，那么，理解依赖共生以及它如何渗透到我们生活的几乎每个领域，是极其重要的。依赖共生的研究范围很广泛，自从嗜酒者匿名互诫会第一次把它作为一种方法，对嗜酒者的妻子表现出的个性和行为进行分类并展开探讨以来，在过去大约50年的时间里，依赖共生研究已经取得了很大进展。

我们现在知道，依赖共生不仅仅是嗜酒者的妻子所面临的问题。需要注意的是，依赖共生有很多不同的定义。在我们的社交媒体中，它经常被断章取义地或错误地使用，以至于我们很难给出准确的解释和说明。以下是我们讨论依赖共生时所使用的定义："如果你很好，我就很好。如果你不好，我就不好。"就是这么简单。你的情绪状态受制于别人的情绪状态，你也会在别人身上寻找自我感和价值感。依赖共生的"症状"很多，但它们有同一个根源：对被遗弃或被拒绝的根深蒂固的恐惧和羞耻。

那么，我们有哪些基本方法来理解依赖共生是如何出现在你的浪漫关系中并造成破坏的呢？关于这个问题，瓦妮莎可以谈上好几天，但她将尽最大努力总结一些最实用的想法、认识和建议，帮助任何想把自己与他人的关系从依赖共生（codependent）转变为互助共生（interdependent）的人。这意味着双方都要首先学会照顾自己并设定健康的界限：你觉得表达自己以及请求对方满足你的需求是安全的，你愿意倾听伴侣的想法、感受和需求；你也明白伴侣不能满足你所有的需求，就像你不能满足他们所有的需求一样，而且知道这一点并不会让你觉得作为伴侣的价值感降低。

瓦妮莎

当我意识到我的前任有酗酒问题时，我才全力以赴地开启我的依赖共生问题的康复之旅。我清楚地记得那一刻，那大概是在我们交往5年之后。我的妈妈周末来看我，她从我们的酒架上拿起一瓶一升装的坎特一号伏特加，盯着看了看，问道："这不是两周前在你的聚会上别人送的那瓶酒吗？"

"是的。"我答道。

她把它翻过来，瞪大了眼睛。"瓦妮莎，瓶子里只剩下不到四分之一了！"

"我知道，但我把其中一些藏在冰箱后面的瓶子里了，这样我也可以喝一点。"

她只是看着我说："哦。"

我感觉脑子里灵光一闪。噢，说起来，这是不正常的：你必须瞒着你的伴侣，把酒藏在另一个容器里，以便自己也可以喝一点，因为他会在两周内喝完整瓶酒，甚至根本不会问问你是否也想喝。

公平地说，早在我遇到那个前任之前，我就有依赖共生的人格特征了，直到今天我仍然有。但就是在那段关系存续期，我开始接受心理治疗，直到读了研究生之后，所有的事情才逐渐步入正轨，并给了我一些重要的警醒，促使我踏上康复之旅。

依赖共生行为是在童年时期发展起来的，是一种用来防御被拒绝和被抛弃的方式。需要注意的是，99%的父母都不是混蛋，他们都是尽其所有和尽其所能做到最好的人，但是在我们的家庭中，仍然会存在一些行为，影响了我们真实表达自己的能力，或者让我们觉得我们必须在情感上照顾我们的父母。

你不必遭受身体上的虐待，也不必在父母有瘾癖的家庭中长大，才会产生依赖共生的倾向（当然这些会加剧这一倾向），但如果你的情绪被忽视或被贬低；有人告诉你，你或你的情绪让他们受不了；你的父亲或母亲冷落你；你的父亲或母亲在你身边，为你操心任何事情，但从不允许你失败或把事情搞砸——这些看似微不足道的行为在一生中累积起来，也可能形成发展性创伤。在花了很多年时间，帮助了几十位客户克服特定的依赖共生问题之后，我才意识到基本上我们每个人在某段关系中或生活的某一时刻，都与某些形式的依赖共生行为做过斗争。作为社会中的人，我们从小就被教导要依赖共生。

在我遇到约翰时，我以为我已经破解了这一密码。他没有任何物质依赖行为，就这样——我被治愈了。但事情根本不是这样的。约翰跟与我约会过的其他男人一样有强迫性人格特征，他只是没有物质依赖。他会用锻炼和吃糖来缓解焦虑、麻痹感情痛苦或逃避现实。他的人格结构跟与我约会过的其他男人仍然很相似，这显然也是我在潜意识中被吸引的原因之一。强迫性人格中有一种东西会告诉你，它需要被拯救、修复或照顾。而具有依赖共生人格的人恰恰喜欢被人需要。

我们不必在依赖共生的每个特征上打钩，就能知道我们在这方面存在的问题。对我来说，在我和约翰的关系中，它表现在以下几个方面：扮演那个“不招惹麻烦”的女孩的角色；难以向对方表达我的需求，甚至不知道它们是什么，更不要说表达了；当约翰试图和我讨论在我们的关系中我可以改进的任何地方时，我都会产生强烈的羞耻感；照顾他人、功能过度、试图独自完成所有事情，直到被我不得不独自做这些工作的怨恨情绪所吞噬（觉得自己是个受气包）……还有其他很多很多方面。

我再也不像在上一段关系时那样反应了。我现在对这一切有了更多的认识，但这并不意味着我不再与之斗争。在我看来，依赖共生行为不会消失。尽管我们担心对方可能出现的反应，但是我们越来越擅长在不适中把自己的想法表达出来，要求我们需要的东西。通过实践，我们变得越来越自如。我们可以通过阅读改变自己，但关键在于，就像任何内心的疗愈一样，只有当我们不顾情绪风险，改变行为，并选择以不同的方式行事时，疗效才开始加强。

即使在我写作这部分的时候，我也充分意识到我有一些很难向约翰表达出来的需求。对于许多与依赖共生做斗争的人来说，达到真正理解原型自我的程度可能是一段漫长的过程，我们可能根本不知道怎样开始以及从哪里开始。了解我们的需求和愿望是建立我们与我们的原型自我之间的联系的重要基石。对于我们许多人来说，我们需要退回一步认识到我们的需求，这意味着我们需要根据我们没有得到的东西发展我们的需求。

让我以自己为例。有时候直到约翰变得喜怒无常或忧郁阴沉时，直到他自我封闭，在情感上将我拒于门外时，我才能够明确指出，情绪一致性和让我安心是我的需求。即使他的行为与我无关，也会让我觉得自己做错了什么，让我陷入越来越强烈的焦虑中。我在努力不把别人的情绪等个人化（依赖共生的另一种症状）的同时，也向他表达过，当他处在一种古怪的精神状态，需要与我断联一段时间时，他只需要告诉我他怎么了，并提醒我这与我们或我无关就可以。一旦他这样做了，我就能给他空间，甚至给予他理解和同情，我的情绪也不会陷入崩溃。

这绝对不是我主动选择不表达我的需求，而是我根本没有意识到它们是我的需求，直到我对某件事感到特别心烦意乱，意识到这与未满足的需求有关，或者直到约翰与我开始一场艰难的谈话，打开了沟通的渠道，然后，突然间，我意识到我还有一些一直没有注意到的、应该说出来的需求。

我把所有的时间都花在关注别人上面，以至于我不知道自己的需要和渴望是什么，直到它们砸在我的头上。我正在变得更好，而这是一个漫长的深入了解自己的过程。

问问你自己

如果你时不时地在与依赖共生行为做斗争，相信我，你不是唯一的一个。我们都会有时与它们斗争，即使我们不是依赖共生者。依赖共生行为不是非黑即白，而是一个序列（参见表1）。在大多数情况下，并不是只有一方在关系中挣扎。通常，如果一方表现出依赖共生行为，另一方也会表现出这样的行为，只不过表现的是不同但互补的行为。

表1　依赖共生—互助共生行为序列

依赖共生	超级独立	互助共生
焦虑型依恋	逃避型依恋	安全型依恋
表演性的	戒备的	基于自我感的
喜爱被需要	喜爱被渴望	不愿将自我价值外化
牺牲自我以接受爱	难以忍受亲密感	倾向于自我至上，因此他们能够关注当下/真实
看到潜在问题——想要“修复”	看到不完美——为缺乏联结辩解	人性化——每个人都是自己的主人
将一段关系的结束视为失败/迅速进入新的关系动态以避免认识自我	关系结束时愤世嫉俗；变得封闭，进而强化了爱不是真实的这一观念	关系结束时，总结教训——将每段关系视为成长和了解自我的机会
看重安全感	看重自由	看重主权

下面是一些你可以问问自己的入门问题：

- 你会因为在关系紧张或感到脆弱时说出自己的需求而觉得内疚吗？
- 有时你是否觉得自己的感受和需求并不重要？
- 你在很多情况下都是“维和人员”吗？或者，你从小到大都是“维和人员”吗？
- 当有人要求占用你的时间和精力时，你是否觉得难以拒绝？
- 你是否倾向于尽可能长久地维持关系，即使在别人已经失去希望之后？

如果你发现自己对这些问题的回答是肯定的，那么顺着线索返回去，问自己一个更大的问题：为什么？由于依赖共生的行为植根于对被抛弃的恐惧，我们需要问自己的问题，以及我们需要试图理解的答案，都围绕着那些我们试图通过不真实地表达自己来避免感受或体验的东西。如果我们真实地表达自己，如果我们清楚而直接地表达我们的需求、渴望和界限，我们害怕发生什么事情呢？

为了生存，我们天生需要依恋关系。如果只要我们大声说出自己的需求，停止过度照顾对方，期望在关系中做到真正的互惠，清晰地沟通或者只是做真实的自己，我们就会有一种根深蒂固的恐惧，害怕我们的依恋受到损害甚至结束，那么需要选择时，每一次，我们都会选择依恋。

练习

也就是说，我们会选择依恋——直到我们不再选择依恋！这就意味着，理解行为的来源（这比我们在一章中所能涉及的内容要深入得多）只是解决方法的一部分，另一部分则是开始以一种不同的方式表达自己。通常，这意味着在我们的关系中说和做一些让我们感到焦虑、恐惧和极其不舒服的事情，以至于我们想要剥了自己的皮——这不是夸张。正如我们提到的那样，依恋是人类生存最原始的需求之一。与别人设定界限，然后说出自己的需求，诚实地告诉他们，他们怎样伤害了我的感情，并且因此改变我对他们的依恋——要做完这一连串事情，对我来说太可怕，也太不可想象了。

因此，依赖共生的康复练习从向令人不舒服的感受池中迈出一小步开始。没有人说你必须跳进深水区，但你必须做一些对你来说不自然的事情，必须认真觉察这些感受，处理它们，体会它们，用日志记录它们；然后重复这些步骤。只有通过一遍又一遍地做这些感觉不自然的事情，我们才能训练我们的神经系统、大脑和依恋系统，让它们明白我们可以做一些比如表达需求的事情，而我们不会因此死掉。即使对方没有很好地回应我们，我们依然不会死。我们可能会受伤、感到尴尬，也可能感到羞耻，但我们不会死。渐渐地，通过接触这些感受，我们开始提升对它们的容忍度。

你可以把它想象成一种用来治疗蜘蛛恐惧症的暴露疗法①。首先，你需要观看蜘蛛的图片和视频，体会那种可怕的感觉。你感到脖子上的汗毛竖了起来，心跳加速，甚至可能会感到恶心。终于，蜘蛛的图片和视频不会引起同样的反应了。接着，也许你开始观察真正的蜘蛛。你观察它们，审视它们。那些可怕的感觉一次又一次地回来，直到终于减轻。最终，你可能会达到这样的境界：你甚至可以把一只蜘蛛放在手上，而不会陷入焦虑的漩涡。或者你还做不到，但也许你可以忍受和蜘蛛待在一个房间里而不至于崩溃，这仍然是不应该被忽视的进步！

① 暴露疗法（exposure therapy）：一种心理治疗方法，通过让患者在安全的环境中逐渐面对和适应他们害怕或焦虑的事物，从而减轻其恐惧和焦虑症状。——译者注

第十四章　燃旺爱的火焰

约翰

我和瓦妮莎刚开始亲密接触时，我问她我能不能在前戏时打她，她看着我，非常严肃地说："如果你打我，我就会打你。"在那一刻，我知道我们在卧室里说着完全不同的语言。

我喜欢有点怪的念头，她喜欢长时间的爱抚。和大多数人一样，我们有不同的欲望和点燃欲望的事物。在这种情况下，教科书上的解决方法是通过沟通和探索各让一步，告诉对方你喜欢什么，不喜欢什么。这种方法你可能从你的伴侣治疗师那里听说过，或者因为不得不再假装一次高潮而感到沮丧之后，在《今日心理学》（*Psychology Today*）杂志中的一篇文章中读到过。

真相是这样的。它比妥协要复杂得多。建立亲密关系不像点餐，既然上次你点的比萨，今晚我想点墨西哥菜。从逻辑上讲，当然可以，但我们远远不是只有逻辑。我们很少做言之有理的事。我们和我们的人生故事都有很多层面。我们是谁以及我们如何行事，其中一部分是条件作用[①]的直接结果。

---

① 条件作用（conditioning）：通过训练使人或动物学会将刺激与反应形成联系的过程。——译者注

一般来说，男人受到的条件作用来自色情和更衣室。我很小的时候就接触到色情图像。我从有哥哥的朋友那里得到我的色情藏品——基本上是从杂志上撕下来的一张照片，我会把它藏在床底下好几个月。那时还没有互联网，你必须认识特定的人才能搞到色情作品。除此之外，我还会在父母工作的时候在他们的房间里看电影频道和花花公子频道。这些影像给了我对性爱的第一印象。我看到男人具有攻击性，女人则喜欢这种攻击性。性爱似乎是一项身体接触类运动。我被迷住了，欲罢不能。我长大后，更衣室里的谈话则强化了性爱是一项运动的观念。你与之发生关系的女人越多，你就越像个男人。你的性征越明显，你就越像个男人。所有这些都让我相信性爱与男子气概紧密相关。如果你没有过性爱经历，你就不像个男人。我记得上大学的时候，我有一个朋友是“百人俱乐部”的成员——他已经和一百多个女人发生过性关系。我记得我当时多么佩服他，多么希望自己也是那个“俱乐部”的成员。

毫不奇怪，性爱变成了我的多巴胺针剂和记分牌。我遗传了家族的瘾癖基因，性爱是我的首选药品。我用性爱获得快感、肯定和认可，也用它让自己感觉更好，更是个“男人”。我的基因和更衣室扭曲了我对性亲密的健康观念。我花了数年时间，采用各种方法消除它们对我的影响，从而创造新的亲密体验，重新定义健康的性爱是怎样的，或者更确切地说，是怎样的感觉。我必须从我的条件作用中抹去我小时候接触过的色情图像，让性爱成为一种完整的身心表达，而不是一种运动或一种让我获得快感的方式。

今天这对我来说仍然很难，但我非常注意这一点，并努力练习“专注于当下”，而不是“表现”，实践我对性爱的新理念，而不是追寻我

20 岁出头时形成的旧蓝图。

瓦妮莎

我可以写整整一本书，讲述我们所处的父权结构在很多方面是怎样扭曲我们所有人的，其中的一个方面就是我们如何在卧室里建立深度亲密联结的能力，但我不会去写。不是因为我没什么可说的，而是因为很多人已经写过了，而且说服力远胜于我。[你可以阅读格伦农·多伊尔（Glennon Doyle）的《未被驯服》（*Untamed*），蕾根娜·托马斯豪尔（Regena Thomashauer）的《女性的重塑》（*Pussy:A Reclamation*），以及埃丝特·佩雷尔的任何一本著作。如果你想深入了解一些非常有深度的心理学知识，请阅读玛丽安·伍德曼（Marion Woodman）的著作。]

我这辈子大部分时间都在做性爱表演，也就是说，性爱不是为了我，而是为了我的伴侣和他们的自尊心，为了确保他们认为我很享受（我是否在正确的时间用正确的方式发出了正确的声音），认为他们表现得很好（口头肯定和更多的声音），认为他们被我激起了性欲（什么姿势让我看起来最好看？我要这样拱起背，我要让我的头发那样垂下），认为我被他们激起了性欲。即使我最不愿意做的事情就是亲密接触，我也会为了他们，为了这段关系而做。

以这种方式做爱令人疲乏不堪，与专注于当下、感受和体验完全背道而驰。这是女人被教导的性爱的全部：它关乎的是你的伴侣的快感，而不是你的。上帝禁止你在性爱中拥有性欲和快感。让荡妇羞辱[①]

① 荡妇羞辱（slut shaming）：让一个人，尤其是女性，为自己的性欲或某种与性有关的行为感到羞耻的指责、谩骂和羞辱。——译者注

开始吧！

公平地讲，我有过一些伴侣，他们确实注重我的快感——并不是说，我只有过那种自私的性爱——但即使在这种情况下，我仍然以某种方式表演。所以，即使对我来说是安全的性接触，可以全身心投入，我仍然不能放开自己。出于这个原因，我可能用一只手就能数得清在性爱过程中我真正迷失在欲望和性体验中的次数，更不要说与对方在灵魂层面深度融合的次数了（是的，这是我想要的那种性爱），直到我遇到约翰。

这并不是说我们的性生活总是令人兴奋的，也不是说我们的步调总是一致的，但我从来没有在他面前假装过高潮（大多数女人，包括我在内，在这方面都可以获得奥斯卡最佳表演奖），而且当我不想做爱时，我也能毫不内疚地告诉他，而不是为了取悦他而做。一部分原因是约翰以及他为我提供的情感安全，一部分原因是我的成长和变化。说实话，我现在不比年轻时了，我不那么愿意迎合别人的自尊心了。这一方面是因为我深刻地认识到父权制和清教徒制度在多大程度上破坏了我们与自我和他人的情爱联结，另一方面是因为我对不同类型的欲望背后的生物学原理开始有所了解。

不同的性欲

我们可以给你教科书式的答案，告诉你尝试不同的东西，去看性治疗师，报名参加性力派工作坊。但事实是，大多数人都不会这么做，包括我们自己。不是我们不愿意，而是我们还没有尝试过。

对我们来说，几个不同的练习可以帮助我们保持性欲。首先是理解我们有不同的性冲动或性驱力。性欲有以下三种不同的类型。

- **自发型**——性欲不需要想法或行动的刺激便会立即出现。
- **反应型**——性欲是对精神和身体刺激的反应。
- **情境型**——感受性欲的能力受到当时情况和环境的影响。

性教育家兼作家埃米莉·纳格斯基（Emily Nagoski）指出，75% 的男性和 15% 的女性是自发型，5% 的男性和 35% 的女性是反应型，剩下的 20% 的男性和 50% 的女性则是反应型和情境型的混合。这对我们意味着什么？更重要的是，对你意味着什么？

首先，了解你的欲望类型至关重要。第一次看到这项研究，我们便卸下了肩上的重担。与发现和理解对方的爱语类似，了解你自己和你的伴侣的性欲类型是一种与他们进行深度联结的方式，而且可以客观对待那些与你自己不同的行为。约翰完全属于自发型，几乎可以随时放下一切，赤身裸体，而瓦妮莎则是反应型和情境型的混合。

所以，虽然她很少（不是从不）采取主动，但她几乎每次都很喜欢。一旦刺激开始，她便会想起她确实喜欢亲密和联结，需要用它来感受她与她自己以及与约翰之间的联结。客观对待双方的行为差异发挥作用的地方在于，瓦妮莎不会因为自己不主动而自责，也不会因为自己压力特别大、感觉特别累、有一大堆待办事项要做，所以确实不想亲密而自责，而且，从约翰的角度来说，他不把瓦妮莎那一刻没有欲望与他的自我价值、性感程度或两人之间的关系是否健康联系起来。

此外，要了解在卧室之外，彼此间的亲密和联结是什么样的。当约翰放慢节奏，带着真正的好奇心（除了更好地了解她，没有其他任何动机），问瓦妮莎一些关于她自己的问题（她的体验和感受）时，对瓦妮莎来说，这比高潮更具刺激感、满足感和连接感。当瓦妮莎敞开心扉，告诉约翰她渴望他、欣赏他，并说出具体原因时，约翰会觉得和她无比亲近，即使那天他们还没有触碰过对方。

毫无疑问，对我们所有人来说，卧室之外的亲密表现也是不同的，但探索和试图理解伴侣微妙的欲望语言是加深彼此联结的另一种方式，可以满足我们作为人类都拥有的被看到和被理解的需求。人类的有趣之处在于，当我们感到真正被看到时，我们更有可能感到真正被接受，而当我们感到真正被接受时，我们更有可能对坦露自己的脆弱感到安全，对伴侣有更多的欲望。

关于所有的浪漫关系，还有一件非常重要的事情是，要记住你的欲望及与对方的联结出现起伏是完全正常的。你不可能永远保持那种当对方触碰你时便心跳加速、汗毛竖起的感觉。童话和浪漫喜剧再一次给我们帮了很大的倒忙，让我们相信关系的前奏就是关系本身。不是的，那只是前奏。关系则是日常。有时在日常生活中，你们的联结会经历扩张期和收缩期。

我们需要给我们自己和我们的关系一点喘息的空间，以便成长、繁茂、伸展，然后重聚。正是在这种重聚的过程中，更深层次的联结建立起来。更深层次的联结来自每个人自己的经历和成长。它不可能总是两个人一起完成。我们并不是说你应该让你们的关系无限期地停滞不前，或者说，你们应该长期处于一个断联的状态。如果你觉得不舒服，那就说出来。如果缺乏联系让你觉得不安全，那就说出来。如果你的直觉告诉你，距离的背后隐藏着什么东西，那就说出来。如果你说出来，对话中就可能产生潜在的联系，或者发现痛苦的真相。不管怎样，这样的对话可以让人得到解放。只有你自己知道，在你们的关系中，什么感觉好，什么感觉不好。我们在这里只是鼓励你去体验，容忍更多的不适，从而了解一直以来我们被灌输的关系看上去应该怎样和感觉应该怎样的观念都是胡扯。

问问你自己

关于性、欲望、联结和性行为，你已经被灌输了哪些观念？这些东西你是从哪儿学来的？在你完全按照别人（无论是父母、社会、朋友还是别的什么都无所谓）告诉你的做了你“应该”做的事情之后，你感觉怎样？你觉得正确吗？完整吗？令人满意吗？足够吗？哪个观念让你觉得不对劲？当你开始真正思考时，哪一个让你感觉完全是胡扯？什么对你来说更真实？请诚实作答。如果你能拥有你渴望的那种性感的、浪漫的、亲密的体验，那会是什么样子？感觉如何？听上去怎样？

你能和你的伴侣谈谈所有这些愿望吗？或者你能和值得信任的人谈谈吗？为什么不呢？你感到羞耻吗？要理解、消除、重新建立我们与性爱和欲望的关系，从质疑我们所接受的观念开始，然后找出哪些是我们自己的欲望、需求、幻想，哪些是外部给予我们的东西。在生活中，你可以在哪些方面找回更多的真实？

练习

我们想谈谈一个由著名的婚姻研究者约翰·戈特曼（John Gottman）提出的名为“六秒之吻”的简单而深刻的练习。让我们从下面这个问题开始。

你还记得你的初吻吗？你当然记得。你很清楚地记得当时你在哪里，穿的是什么。你还记得，你不确定是否应该伸舌头，你的牙套会不会划伤她，你的眼睛应该闭多久。你记得最清楚的不是发生了什么，而是你的感受——你感到忐忑、紧张、手心出汗。

你还记得你的第1547个吻吗？你当然不记得。当我们和新认识的人接吻时，我们会很兴奋。这是我们第一次体验与对方的亲密接触。我们慢慢来，沉浸其中，迷失自己。我们的思维被设置为探索模式，我们乐于探索。一旦我们确定了关系，接吻就变成了日常之事，探索已经结束。我们的亲吻就像握手，是“嗨”“再见”“回头见”，或是通往其他事物的途径。我们很少通过亲吻来发现什么，我们忘记了亲吻背后的意义。亲吻是一种用于表达、联系、确认、保证、给予、分享、信任和探索的方式。你上一次沉醉在吻中以至于忘记一切，那是什么时候？你脖子上的汗毛竖了起来，那是什么时候？你觉得除了那个吻，其他什么都不需要，那是什么时候？你觉得除了你、你正在亲吻的人和那一刻，什么都不重要，那是什么时候？

戈特曼建议做六秒之吻的练习，一天两次。为什么是六秒？因为六秒之吻充满可能性，它提供了一个保持专注、体验浪漫和联结的空间，去感受一些东西。两秒钟的吻并不是真正的吻，那是匆匆一啄，是后背上的轻轻一拍。你的吻持续了多长时间？亲吻的背后有什么目的？你只是为了亲吻而亲吻吗，还是在表达你的爱？

亲吻你的伴侣六秒钟，一天两次。那些吻不一定要充满激情，以至于让你们打电话请病假，享受一下午的快乐时光。一开始，你们可能而且很有可能会觉得有点别扭，那是因为你们还不习惯这个练习。不过没关系。这就是为什么这是一个练习。确保你们的亲吻是真诚的而不是勉强的。专注于当下，这才是最重要的。当然，要确保这个吻持续六秒钟。我和瓦妮莎也在做这个练习，也许你觉得我们在胡扯，但这是真的。我们真的在做，只是不是每天都做。但在一周中，我或她会主动提醒对方亲吻六秒钟。这很有效。因为它可以提醒你，你们为什么在一起，你们为什么都在努力建立或重建你们的关系。同时，它也像个雷达，如果有受伤或怨恨的感觉，一个六秒钟的吻会让它显露无遗，你们双方都能感觉得到。

第十五章　嫉妒

我们最近在社交媒体上回答了这样一个问题：当你的伴侣认为别人很性感时，你会嫉妒吗？我们的答案得到了大量的反馈和评论。嫉妒是一个有争议的话题，它揭开了缺乏安全感这一伤口，引发了激烈的反应。探索这些反应的来源是很有意思的。我们的发现清楚地表明，所谓的浪漫爱情童话对我们的关系造成了很大的破坏。

我们的伴侣（即使是在自慰的时候）只会对我们产生性幻想，而不会注意其他任何人——这个想法似乎很浪漫，却是不现实的。我们是有性生物。如果你还在呼吸，你就已经发现了别人的吸引力，而且你还会继续发现别人的吸引力。但这种吸引并不意味着你想和那个人建立一种关系，或者你不爱你现在的伴侣。这只意味着你是人——是动物。

正是否认和拒绝这一事实，让你产生了焦虑和控制，引发了你的不安全感和担心。发现你的伴侣觉得别人性感，或者对别人而不是你产生性幻想，这会让你感觉非常不舒服，让你表现出不健康的、控制欲强的、被动反应的行为方式。这只会让你们的关系出现裂痕，阻碍你们的成长，影响你们之间的信任，造成你们的疏离。这是一种常见的模式，尤其在比较年轻的伴侣中，我们总能看到。

查看彼此的手机；检查浏览历史记录；告诉你的伴侣他们应该穿什么，不应该穿什么，他们在欲望对象面前应该怎么做，不应该怎么做。所有这些不健康的行为都始于一件事：否认。否认你的伴侣是一个独立的、复杂的有性生物；否认他们不必也没有义务与你分享他们的某些部分；否认你在试图控制他们、他们的行为和思想这一事实——所有这些都不能保护你远离伤害或你所认为的情感危险。

所以我们需要做的第一步是否认的反面——接受。这也是最难的部分。这是大多数人生气的地方，也是他们对爱妄下定义和对人际关系抱有不合理期望的地方。我们并不是说每次你在和你的伴侣亲密接触的时候，允许自己对别人产生性幻想是正常的、健康的，我们也不是说每次你注意到一个有吸引力的人时，都可以对你的伴侣发表评论。这些行为的确可能是危险信号。我们想说的是你和你的伴侣都是人，你们都曾发现别人有吸引力，而且会一直发现别人有吸引力。你们两个可能都对别人产生过性幻想，哪怕只是一瞬间。这是正常的、健康的。

一旦你们都接受了自己人性中的这一面，紧张局势就会缓和。这是你们能够停止将它个人化，转而更多地利用好奇心探索新事物的时候，是你们开始克服自己的不安全感，最终与对方建立更为紧密的联结的时候。

约翰

我无意中听到瓦妮莎和她的女朋友德内聊天，说她们觉得德内的邮递员如何性感。一开始我很好奇。他长什么样？为什么她们认为他如此性感？当我看到他的照片后，我不理解这有什么好大惊小怪的。但我越听她们说他如何性感，我就越生气。我不再是 20 岁的年轻人了，我已经克服我的嫉妒问题了，可它为什么让我烦恼呢？

然后我意识到，这与这个邮递员无关。这是累积的结果。因为瓦妮莎多年来总是提到她觉得某个人有魅力。杰瑞德·莱托（Jared Leto）、兰尼·克拉维茨（Lenny Kravitz），“那个家伙，《行尸走肉》（*The Walking Dead*）里的史蒂文·元（Steven Yeun）”。元碰巧是韩国人，我不确定这让我感觉更糟一些还是更好一些。但这些人跟我都不像，他们更瘦更高，比我帅多了。

然后我意识到，这是我第一次处在这样一段关系中——我的伴侣可以自由地表达她觉得谁有魅力。在我以前的关系中，有魅力的人总是我，或者我的伴侣会说“但他没有你性感”之类的话来强调我对她们的吸引力，让我自我感觉良好。回想起来，我发现她们很可能是在照顾我的自尊心。也许她们已经习惯了来自前男友的嫉妒和不满，已经学会了不去引起不快。也许是社会的巨大影响或她们的成长环境告诉她们，女朋友应该怎么做，于是她们根据这些标准进行自我纠正。不管怎样，我都不习惯我的女朋友表达她认为谁有吸引力，这会引起我的不安全感，有时甚至让我怀疑我对她来说是否还有吸引力。尽管她经常认可我的魅力，我也知道她很诚恳，但那些缺乏安全感的想法劫持了真相。这些想法可能是具有传染性的病毒，会毒害任何关系，但前提是——你把它们带入了关系中。

这里有一个重要的事实：瓦妮莎对我说她觉得别人有吸引力，是因为她觉得和我在一起有安全感，而且她相信我不会像她以前的男朋友那样感到不安全或觉得受到了威胁。当我陷在沙发上反省自己的时候，她对我说了这句话。这就是为什么把我们觉得别人有吸引力这件事正常化，并创造一个安全空间很重要，因为在这个空间里，我们把自己的看法表达出来，我们的关系不会因此陷入困境。如果你的伴侣在表达这个事实时感到足够安全，那么他们在表达其他事实时可能也会感到足够安全。这种安全感会让你们的关系更加紧密。

所以，当下次你的伴侣提到被某人吸引时，你不妨问问自己：我是想建立信任还是想破坏它？这将有助于你做出正确的回应。

瓦妮莎

在我认为谁有吸引力这件事上，我一直都非常坦率和诚实。一些男人听到女人真实地谈论性和具体的体验，以及“如果那个人现在在这里，就在我面前的话，我会对他做什么”时，他们是那么震惊，这让我觉得很可笑。人们认为只有男人欲望强烈，所以他们才这样和朋友说话，这是一个误解。如果你听过我和我的朋友是如何谈论性爱和欲望的，你可能会惊掉下巴——但如果你是个女人，你可能就不会了，你可能完全明白我的意思。

女人应该端庄贤淑、忠贞不渝。我们应该是淑女。淑女没有性幻想，即使有，她们也不会坦率地告诉她们的男友。这一观念就像一颗有毒的种子，深植于我们的集体心理，很难根除。

在我的第一段关系中，我们都坦率地谈论性幻想和他人对我们的吸引力，我觉得这很诱人，很刺激，实际上也激发了更热辣的性爱。在我的第二段关系中，我的伴侣想让我在他面前假装处女，假装我没有其他性经历或与他无关的性幻想。对我来说，这让我感到压抑并觉得受到了蔑视，仿佛我身体的一部分是不可接受的、可耻的，是永远不该被提起的。毫不奇怪，在那段关系中，我隐藏了自己的很多部分，在很多方面展开表演。即使没有明说，很显然，我的某些部分可以被谈论、被接受和被爱，但有些部分则需要避而不谈，以免让我的伴侣生气。如果我让他生气了，我就必须处理问题，安抚他。

对我来说，和我的伴侣讨论这些话题有助于我更多地了解他们，也被他们更好地了解。如果他们生气或嫉妒，或者要求我不要坦率地告诉他们我的性幻想，那么我就知道我们需要讨论一些深层的问题。对我来说，能够表达自己的这一面很重要，因为这是我真实身份的重要组成部分。对我来说，我的伴侣能够提供一个足够安全包容的空间，让我们可以敞开心扉来谈论这件事也很重要。这并不是说要故意提及让他们不快的事情并期望他们接受，而是说接受我们都是人，我们每个人都是有性生物，都有性欲望和性幻想。

我很清楚这是一个敏感话题，你可能不想和你的伴侣探讨，但在这里，我建议你和你的伴侣一起探讨有关性欲、缺乏安全感和社会对两性的期望这些问题。并不是只有男人会嫉妒、拒绝伴侣谈论这一话题，女人也是如此。我在我的客户和女性朋友身上都见到过这种情况。生活在父权结构中的我们得到的很多信息是，女性的性特征和性感程度决定了她们作为一个人的作用和价值，如果你承认你发现别人有吸引力，或者你被卧室里一些通常与女性欲望无关的东西唤起了性欲，他们就会觉得你有问题。我们没有静下来审视他们的这种反应源自哪里，而是指责男人是猪，是性狂热的混蛋。

问问你自己

当你想到你的伴侣被另一个人所吸引时，你会想到什么？比如，你会认为你的伴侣不好或不值得信任。你能否深入内心，真实地指出自己的哪些想法和情绪被激活了吗?

嫉妒，像其他所有情绪一样，是一个信号，让你注意一些更深层的东西。缺乏嫉妒心也是一个有趣的信号。嫉妒的感受是完全正常的，但由嫉妒引起的不健康的行为却是不正常的。因此，如果确实出现了嫉妒的感受和想法，那就问问自己，这些嫉妒想法的背后隐藏着什么恐惧。这可能是一个很好的探索自我的机会。

练习

我们知道对大多数人来说，这个话题可能会激活很多东西。我们在这里不是要质疑这种防御心理或激活状态是对还是错，也不是要告诉你，如果你的伴侣觉得别人有吸引力，你应该还是不应该在意。我们在这里要做的只是给你提供一个出发点，让你进一步审视自己的内心，探索更多的话题，从而加深与对方的关系。如果你能忍受那些因我们谈论这样的热门话题而产生的不适，你就有可能能够体验更多的脆弱性，从而无论面对自己还是伴侣，都能更真实地表达。

如果你对探索这个话题感兴趣，并且已经回答了“问问你自己”那部分的问题，那么接下来的练习便是问问自己，什么能够引起你的 性欲，然后与伴侣进行沟通。关注你觉得有吸引力的地方，不仅是身体上的，还有情感上的，而不是这种吸引力来自谁。

是的，你会发现别人有吸引力，因为你是有性生物，没有必要宣布或否认这一事实。应该宣布和探索的是你喜欢什么，什么让你产生兴奋，然后探索和发现你的伴侣身上吸引你的地方。总是把问题带回到你和你的伴侣身上是一种很好的方式，可以让你们利用这种探索加深彼此的关系。

第十六章　爱情与金钱

金钱是伴侣之间发生冲突的一个主要原因。然而，当他们争吵的时候，通常并不是因为钱。这与他们与金钱的关系，以及金钱如何转化成了安全和保障有关；这与他们如何用金钱定义自己有关；这与他们如何被抚养长大（比如穷养还是富养），以及这种经历如何塑造了他们对金钱的看法有关。总之，冲突通常与金钱本身没有关系。

约翰

我过去常常问我前妻“我能买幸运符牌麦片吗？”的另外一个原因与钱有关。那时候我没有挣钱，她负责养家糊口。我是编剧，换言之，我是饥饿的艺术家。我认为作为一个男人，我的价值一部分取决于我挣了多少钱。因为我没有挣一分钱，所以我觉得我不能随意买东西，我必须征得她的许可。那是我有生以来第一次觉得自己不如伴侣有价值。

我父母来美国时身无分文。他们努力工作，攒钱收购了一个家族企业——一个汉堡摊，然后是一家快餐加盟店，然后是一家意大利餐馆，这家餐馆后来改成了晚餐俱乐部。我爸妈总是吵架，他们没办法一起工作，所以我爸爸开了一家电话布线公司。就像传统的韩国家庭一样，我们（我哥哥和我）为家族业务工作。所以我们和钱打交道，我们知道家里什么时候有钱，什么时候没有。是否花钱不只是由父母决定，也由我们所有人决定。

这既是好事也是坏事。说它是好事是因为我和哥哥得到了我们想要的东西。我父母认为美国人就意味着名牌牛仔裤和甜麦片。说它是坏事却也是因为我们得到了我们想要的，因此，我没有真正懂得金钱的价值以及如何存钱。我们不富有但也不穷。食品储藏室里总有存货，而我们也一直是街区里最先拥有好东西的孩子。

之后我结婚了。我妻子的家里没什么钱，一家人只在有特殊需要时才外出就餐（快餐）。家里没有钱，只能靠自己，而我从小到大，几乎想要什么就有什么，所以当我节俭的前妻说“不，我们不需要那个。再说，那个对你也不好”时，我会说：“但为什么不呢？”所以每次我们去杂货店买东西的时候气氛都比较紧张。而且，她还认为外出就餐是一种浪费。我记得自己多么费尽心思，就是为了溜出去给自己买个芝士汉堡。我感觉自己像个嗑药的瘾君子，这让我感到羞耻，感到无能。

我们对金钱的不同态度（基于我们如何被养育成人以及我们如何用金钱定义自己）成为我们婚姻中的一根撬棍，引起紧张的局势。她认为我不负责任，像个孩子；我觉得她小气、控制欲强。对她来说，她第一次挣到了钱；对我来说，则是第一次身无分文。我们不知道如何沟通、探讨和妥协。我们没有能力通过审视我们的人生故事来更好地理解彼此。与此相反，我们只是紧紧抓住自己这边的拔河绳。

两人拔河太久，便会产生怨恨、疏离，让彼此之间的化学反应发生变化。我们的感觉都变了。她把我当成儿子而不是伴侣，她感到不安全；而我在心底认同了自己不能挣钱的想法，认为自己不称职，不是个好丈夫。所以，我给自己施加了更大压力，要求自己写出价值百万美元的剧本，我觉得这样就会让所有的问题迎刃而解，让我成为一个好丈夫，一个男人。于是，我逐渐失去了我的生活，无休止地在咖啡馆中写作，这让我整个人的精神分崩离析。我浑身散发着绝望的气息。这不但无助于我的婚姻，反而加速了它的解体。

这是在很多关系中都很常见的一种模式。这与金钱无关，而与你和金钱的关系、你如何用金钱定义自己，以及这个定义对你的关系造成了怎样的影响有关；这与安全感或不安全感有关；这与不胜任感有关；这与权力动态有关；这与社会观念有关。

如今，我不会问瓦妮莎我能不能买幸运符牌麦片。第一，她自己也买这个牌子的麦片。她既喜欢“对你好”的麦片，也喜欢“对你不好”的麦片。第二，更重要的是，我不再以赚多少钱来定义我作为一个男人的价值，所以我不会再有以前的那种羞耻感。当然，跟我在 30 岁出头时不一样的是，现在我确实挣到了一些钱。但是，我认为真正让我和瓦妮莎的关系变得不同的是，自从我开始自己的内心之旅，不让自己被金钱定义之后，我与金钱建立了新的关系。

瓦妮莎

我总是惦记着钱，我的意思是，我一直都是这样。并不是说我渴望权力、成功和富有，而更像是问：我有足够的钱生存吗？我从小到大，家里就没有多少钱，我清楚地意识到这一点，也知道我的单身母亲的压力有多大。我与金钱的关系对我有过的每段认真的关系都产生了某种影响。

我的第一任男友在我们的关系破裂后告诉我，我做酒吧侍者 30 个小时挣的钱，比他在音乐行业做入门工作 50 个小时挣的还要多，这让他觉得自己缺少男子气概。我的第二任男友一直挣钱比我少。在金钱方面，我们的成长经历有很多相似之处，但在那段关系中，我一直有个想法，那就是谁的钱多谁的权力就大。因此，当他为我支付给瑜伽老师培训费用作为送给我的“礼物”时，我偷偷地偿还给了他——我没收他那一半水电费，直到我们扯平为止。我从没告诉过他。我觉得这是健康的。

我的第三任男友从事收入较低的文职工作，似乎没有太多雄心壮志去做其他事情或者有所成就。他将近 40 岁了，还和一个室友合住一套公寓。这样评判他是因为我自己的状态不好，但我做了很多努力才明白我对他的评判源自我对安全和保障的需求，以及我不健康的欲望——我要拼命工作以囤积“足够”的钱（事实上钱永远不会够）。他对自己当时的生活很满意，而这才是最重要的。

然后是我的第四任男友——约翰。当我认识他的时候，我正在进行职业转型，靠学生贷款生活。他的事业方兴未艾，而且刚刚签下他第二本书的合约。他为人慷慨，从不让我觉得他用钱来挟制我。但我总是用钱挟制我自己——我总是要求自己支付一半的费用。

后来我怀孕了。随着肚子的不断增大，我对金钱的焦虑也在加剧。我是自由职业者，没有产假（反正在美国也没多少产假）。我没有积蓄，因为我在实习治疗师期间把积蓄都花光了。因为身体原因，在一段时间内，我都无法工作。我当时正在接受心理治疗，整个孕期都如此，我们谈话的内容大概有 80% 都围绕着我的不安全感和我与金钱的关系。

很多次，我都感到不知所措。我请约翰制作电子表格，以便确切地知道我们的收入和支出情况。我计算了我最早可以返工的时间，这样我就可以在经济上贡献一分力量。在整个过程中，我的治疗师和约翰都提醒我，我不可能给我将要做的事情以及我为这段关系带来的东西（比如生孩子、照顾孩子）贴上价格标签。我对此不予理会，直到我生下孩子，除了吃饭、打盹和喂孩子以外，无论在身体上还是精神上都无法再做任何事情。

我把我在治疗中学到的简要告诉你，希望它也能帮助你更深入地了解自己。

在财务安全方面，我一直都处在“战或逃”的模式中，对“足够”感到安全，对我和我的神经系统来说绝对是个陌生的概念。我不信任这种感觉，所以我也不信任我的伴侣。

作为一个坚强的女性，我把自己的价值与我在经济上的贡献紧密相连。我一直都是自己照顾自己，让别人为我提供经济支持让我觉得自己软弱无能。

在我的脑海里，我有这样一个信念：所有的关系都会结束，男人总会离开（无论是身体上、情感上，还是两者兼而有之）。所以必须确保有能力养活自己，在他离开时不至于陷入困境。

通过和约翰建立的关系，我获得了成长，对这个问题的看法也变得温和了。以下是我用过的一些方法。

生活在恐慌状态下对牵连其中的每个人都是不健康的。它剥夺了我们活在当下和在生活中寻找快乐的能力。这并不是说，我们没有金钱方面的压力，有时这方面的压力非常大（我知道，我从小到大家里都没有多少钱），但是当我们一直处于压力状态时，我们就错过了生活。当我的神经系统被激活，进入“战或逃”的模式时，我必须进行深度的正念练习。如果一旦我的某一部分被激活，压力就会渗透到其他所有部分。察觉、呼吸，然后重复这个步骤。我的价值远远不只体现在我的收入上。我为我生命中的人（尤其是约翰和洛根）做了很多，这是无价的。

当我处于“我的与你的”而不是“我们的”状态时，我就会封闭、戒备、疏离。在这种情况下，我不可能温柔地对待自己，向对方坦露我的脆弱，而这是我真正渴望的关系中必需的东西。

而所有这些启示都不会对我的能力产生任何不良的影响。

问问你自己

你父母和金钱的关系怎样？你从小家里是有钱还是没钱，这对你的成长产生了怎样的影响？你目前与金钱的关系如何？你觉得这种关系是否健康，为什么？如果你有更多的钱，你是否觉得你作为一个人会更有价值？你会根据别人有多少钱而对他们有不同的看法吗？你与金钱的关系对你的人际关系造成了怎样的影响？你希望自己对金钱有哪些不同的看法？做出这样的改变会对你的关系产生怎样的影响？

练习

有关这个主题的很多练习，其目的都是通过深入问题的根源来了解自己。对我们大多数人来说，我们与金钱的关系不仅深入，而且广泛渗入我们生活的许多领域，比如你如何以及何时感到最安全，什么因素会引起你强烈的自我意识和自尊心，以及你是否对未知带来的焦虑有很高的抵抗力。很多课程和教练专门帮助人们改善他们与金钱的关系，这也许会让你觉得探索起来很有帮助。

如果你在金钱方面对自己有很好的了解，并且准备好和你的伴侣进行一些对话，那么就从分享你的发现开始吧。也许通过深入探索，你会得到一些关于自己的惊喜发现。然后，承诺在这个话题出现时继续讨论它——它总会出现的。金钱会随着我们生活状况的改变而来来去去。生孩子、买房子、需要做意外的手术、需要在经济上照顾所爱的人、创业、失业、退休——所有这些都会影响我们与金钱的关系。无数的可能事件会让你不断注意到你与金钱有关的任何不适，并让你有机会利用这种不适进一步探索你自己。

第十七章 如果不再有心动的感觉，怎么办？

很多人都认为，如果你在关系中不再有心动的感觉，那显然是出了问题。他们会据此认为关系已经走到尽头，而你无能为力。是时候坐下来进行一次“不是你的错，是我的错”的对话了。于是你分手了，重新做回你自己，开始你的“故意单身”之旅，然后遇到了一个让你重新感觉到生机和活力的人。这种感觉强烈又梦幻，你意识到你是对的，是时候终止上一段关系了，因为这段新关系让你心动不已。直到事情变得艰难。但你还是坚持了下来，你游过了拍岸巨浪。事情变得越来越好。但即使是这样，你也会再一次陷入困惑：你又失去了心动的感觉。

事实就是这样。在任何关系中，你总会在某个时候失去感觉。即使一切都很好，没有争吵；即使你们仍然相处融洽；即使没有愤怒、怨恨或如履薄冰的感觉。你和一个人一起生活的时间越长，自然疏离和渐行渐远的可能性就越大。这是自然规律。你是人，这意味着你天生好奇，而且永远在发展变化。疏离和质疑是人类与生俱来的东西，是我们的一部分。而且，关系的维护需要大量的投入，你可能只是太累了。这并不意味着你想或者应该与别人发展一段新关系，这只说明你是人而已。

对关系最具破坏力的一个误解就是你应该一直有心动的感觉；爱和吸引力是恒定的，如果感情无缘无故地变淡了，那就说明出了问题。是的，有可能是这样。但也有可能只是变得乏味和陈旧，就像一袋打开的薯片。如果这让你感到畏缩，我很抱歉，但这就是现实生活。它不是我们经常在脑海中播放并将我们的关系与之进行比较的浪漫喜剧电影预告片。这是所谓的程式化，而且是不公平的。

我们的关系不是恒定的，其原因在于我们也不是恒定的。我们每天都在经历自己的内心之旅。除了外部因素，比如工作压力和焦虑、职业方向、我们与朋友和家人的关系、养育孩子、兴趣爱好，还有内部因素，比如我们与自己的关系。因此，可能今天我们真心喜欢自己，关于我们是谁和我们在做什么，但隔天我们就不喜欢了。疏离和“没有感觉”不仅仅存在于我们与伴侣的关系，可能也存在于我们与原型自我的关系。我们每个人内心的高低起伏，直接影响了我们与他人，尤其与伴侣之间的关系。既然我们（假设我们在一夫一妻制的关系中）都经历着自己内心旅程的起伏，有时候我们之间就会有距离。如果这种距离持续很长时间，我们双方或一方就会开始觉得不再有心动的感觉。

如果我们不能从中恢复过来——如果我们中的一个人在高峰而另一个人在低谷——我们都在各自的地方待得太久（独自生活）而不重新会合（一起生活），那么是的，没感觉是合情合理的。两个人都可能走得太远，无法再回头走到一起了，感觉也就因此不可逆转地发生了变化。但如果我们都意识到这一点，都能尊重和支持彼此的内心起伏，继续牵着对方的手，看着对方的眼睛，保持与对方的沟通，那么疏离和质疑是完全正常和健康的。这些时期实际上像是爱的橡皮筋，在拉伸后又把我们拽回来，让我们更亲近，让我们的关系更深厚。

约翰

不知道从什么时候起，我就没有心动的感觉了。这不是说某天我一觉醒来，它就反手一掌打在我脸上。这不是来自我灵魂深处的觉知。这是一个缓慢燃烧的过程，是一个逐渐苏醒的过程。当然，这是正常的。我知道这段关系到了某一点，我就会没有感觉。但问题是，我没有为此做任何努力，我不承认我有这种感觉。我没有去探索或调查这种感觉有多少与我有关，而不是与我的伴侣或这段关系有关。我就让它闷烧着，直到整个房子都失火了，直到除了逃离别无他法。两次都是如此。是的，我逃离了两段长期关系。

今天我回顾过去，意识到我的生活中有一种模式。我总是在三年之后逃离。我没有像他们所说的"付出努力"。我任由自己疏离、幻想。我开始挑剔伴侣和我们的关系，最终说服自己这段关系已经到期。我告诉自己，我们已经有了隔阂，无法修复。这是一种逃避困难的方式。这也是我在派对上出了名的做法——不说一声再见就从后门溜走。

我知道这是一种模式，因为我对瓦妮莎也有过这种感觉。它不像你回家过节的时候父母给你的感觉那样强烈，但它就在那里，就像刻在树上的饱经风雨的名字。猜猜我第一次出现这种情况的时候和瓦妮莎在一起多久？你猜对了——三年。但这次不同，我意识到了这一点。更重要的是，我并不感到害怕。因为我对自己有了更多的了解，我不再是一个行走的被动反应器，我知道旧模式会导致怎样的后果。而且，我和瓦妮莎建立的关系与我跟其他人的不同，不仅空间不同，关系动态也是不同的。我们都不同于过去和别人在一起的时候。

爱就是每一天都要在爱与不爱之间做出选择。就是这样，就是这么简单。要么继续这个过程，要么结束。我们相爱，失恋；我们有感觉，然后没感觉。这种起伏并不意味着我们不爱那个人了，但它给我们提供选择的空间。感觉爱一个人（在乎他）和爱一个人（选择爱他）之间是有区别的。我们可能永远感觉到对某个人的爱，但这并不意味着我们选择永远爱这个人。选择去爱不是一种感觉，而是一种行动，所以它如此艰难。爱需要我们去做些什么。有时候爱很轻松，有时却极其艰难。有时候，它更多地与我们自己而不是与我们所爱的人有关。但归根结底，这始终是一种选择。

尽管爱会变化，但也会加深。我们在共同踏上的旅程中走得越久，这一过程结出的果实就会越多，我们的投入就会有越多回报，我们的选择也会变得更容易。如果爱的过程是健康的，也就是说，我们都在付出努力，那么我们无论作为伴侣还是作为个人，都会变得更强大。选择去爱会创造一个机会，让我们能够演奏出永远无法独自演奏的人生乐章，而这正是值得我们选择的原因。

瓦妮莎

我不像约翰那样有“三年之痒”的模式，也许是因为我更倾向于逃避。我可以在一段关系的收缩期感到非常轻松，几乎比在扩张期更轻松。我有足够的空间呼吸和独处，就像披着一条温暖的毯子一样，感觉不到亲密或脆弱带来的压力。遗憾的是，它也可能是一条沉重潮湿的毯子，让我困在里面无法动弹。

约翰的模式是逐渐疏离，三年之后便放弃，而我的模式则是在一件事情上停留过久，因为疏离和冷淡总是让我感到很舒服。我觉得我们这段关系不同于以往关系的美妙之处在于，约翰对我的期望很高——不是那种坏的，而是“嘿，我正参与其中，我正在付出努力，我希望你也在这里，全心投入，不敷衍”。从来没有一个人像约翰这样挑战过我。他会检视我与他的距离。他提醒我，我们的关系和我们正在建立的东西比我们作为单独的两个人更为重要。他提醒我，我自己也想要一段有意识的关系，即使我觉得这需要付出很多，不如去打个小盹。他每天都在挑战我，让我选择爱，而不是选择距离带给我的舒适感。

有意识的关系：在这种关系中，双方都致力于成长和进步，以获得更强烈的自我感、更高的情商、不断增强的自我安抚能力和更好的沟通状态。

问问你自己

如果你不再有心动的感觉，那么请探索一下你的内心之旅。你现在正经历着什么？你的生活中是否发生了一些事情，让你与自己以及这段关系缺乏联结？你是否过度思虑？是前任打来电话，触发了你的某些情绪吗？你对自己的工作或职业感到焦虑吗？是家庭生活压力过大，让你不堪重负了吗？你是因为事情没有如你所愿而不开心吗？你还在愤怒或怨恨吗？如果是这样，你正在做些什么解决这个问题？阅读自助类书籍并尝试自己解决问题虽然很好，但还不够。特别有助于你解决问题的办法是，和那些比你更了解你自己的人——最好是治疗师或人际关系教练——一起处理压力和焦虑。

如果不是你的问题，那是你的伴侣或这段关系有问题吗？如果是，问题是什么？发生了什么事情，需要你努力解决或克服？你需要怎样说动你的伴侣着手解决问题？你害怕向他们承认或表达什么？或者，是不是与你的伴侣相处的高质量时间不够？你们最近是不是都太忙了？也许你需要彼此联结和浪漫？不带任何指责地表达你的需求。要说得具体，并尝试新的联结方式，就像你们在同一团队，正在为胜利制定战略。因为你们就是队友。

练习

当事情变得艰难时，有些人倾向于逃避，有些人则倾向于抓着早该放手的东西迟迟不放。本章无法涉及不再有感觉的方方面面，但我们希望能点燃你的好奇心，并为你提供一些你可能还没有想到的方法和视角。此外，如果你不再有心动的感觉，阅读本书的其余部分可能便是一个有效的练习。然而，最重要的是，要记住你仅占关系的50%，你只能对你和你自己的表现负责。你的伴侣如何表现以及他们付出多少努力完全取决于他们自己。

结 语 填满你的罐子

约翰

在上了心理治疗学校，帮助成千上万人解决关系问题，审视了自己的内心之后，我仍然没有得到所有的答案。当涉及爱情与浪漫关系时，没有简单的对号涂色式的建议。尽管你从以前的爱情经历中学习并成长了很多，但总会遇到新的问题和挑战。因为爱不是一个常量，它像你一样，有自己的生命和呼吸，一直在成长、发展和变化。不管你今天有多少解决问题的办法，每一段新的关系都有其自身的动态、自身的情绪激活和触发因素，以及自身的陷阱和镜子。

关于浪漫关系，我学到的最重要的事情是，它们注定会有波折。人们对爱情最常见的一个误解，是认为爱情应该是轻松的，如果不是，那就说明你没有和对的人在一起。事实上，亲密关系是艰难的，而且应该如此，否则，我们便无法学习、成长和进步。一定会有一段旅程，你必须去某个地方，然后再回来。健康的关系与不健康的关系的区别在于，在不健康的关系中你不会回来，你只是离开村庄，最终迷失方向。健康的关系则是可以不断重返。这一旅程会产生信任和更紧密的联结，更重要的是，还会带来启示和内心的成长。没有这一旅程，就没有故事。没有故事，就没有生活。

我们都知道，建立健康的关系是这一生中最难的一件事。之所以难，不仅因为它需要妥协和承诺，还因为自我了解是保持关系成长必需的燃料，否则关系就会消亡。为了了解原型自我，我们必须审视内心，对自己诚实，为自己负责。爱一个人会触发我们，让我们看到自己不愿正视的东西。与一个人建立关系不仅仅是一个决定，更是一段需要耐心、需要消解自我、需要打破我们内心深处固有模式的旅程。爱一个人需要不断地进行自我反省。如果我们不这样做，就不会有健康的爱情。它将是两个人无休止的碰撞，而不是与对方共同成长，也就不能奏出更美妙的乐章。

因此，爱一个人责任重大。它是日常的选择，有时也是与旧的自我的战斗，否则，爱的小船就会沉没。是什么让爱一个人如此艰难？是不断地拆除和重建你与你自己的关系。这是最难的部分。这是造成那么多人结束关系的原因。但生活中有价值的东西哪个不难呢？

总会有一些你和你的伴侣无法忍受彼此的日子，总会有一些你故意绕路回家的日子，你们会在一些事情上意见相左，比如电影、书籍、政治和晚餐。他会忘记事情，你会出门迟到。你的朋友会有意见。你们会吵架，也许会吵很多次。你会封闭自己，他会纳闷出了什么问题。但在一天结束时，你们都会回到彼此身边。不管你们吵过多少次，你们要永远公平地吵，这是不可协商的事情。你们会在一起，因为你们知道是你们选择在一起，而不是因为理智、孤独或岁月不等人；不是因为照片拍得很可爱，你们看起来很相配，或者认为你们会有几个可爱的孩子；不是因为你已经对这段关系做出了承诺；也不是因为你不想孤单；而是因为你们相信你们正在建立的一切和你们每天做出的选择：投入这段关系，用你们两人都知道的最好的方式去爱对方。你们的关系不会像许多人那样建立在恐惧之上，而是建立在勇气和坦诚之上。当然，也会像任何关系一样，没有永远不变的保证。

你不会拿这段关系和过去的关系做对比。过去的关系在你身上残留的任何东西，你都需要一一处理，这是你自己的责任。你们都要为自己之前的经历负责，这才是健康关系应有的样子。你和你的伴侣会互相磨砺，共同提升；你会让他觉得他很美，他会让你觉得你无敌，反之亦然。你们能够保证的唯一一件事就是尽你们所能诚实地去爱，而不迷失自己。你们都知道存在风险，你们都知道可能受到伤害，但你们都愿意冒着风险去体验比自身更美妙、更有意义的乐章。你们将各自承担自己的责任，但你们也将共同创造一个奇妙的空间。

瓦妮莎

把我所学到的以及我正在继续学习的关于浪漫关系的几乎所有知识拿出来，将每个话题的内容归纳进一个 2 到 5 页的小节里，是非常困难的事情。浪漫关系和人都是微妙而复杂的，正是这种微妙，使我们如此美丽和独特。但作为一名治疗师，我了解到的是，我们中的很多人都会陷入功能失调模式，这些模式几乎都具有相同的目的——保护我们免受伤害。

理解这些模式的成因，意识到我们并不是唯一陷入其中的人，然后挑战自己去做一些与我们习惯做的截然不同的事情，就可以将这些模式重塑成不可思议的东西。对我来说，这种不可思议的东西就是浪漫关系，它让我感觉既被接受又被挑战，既安全又有点危险，既枯燥又令人兴奋，既辽阔又坚实。迄今为止，我已经在约翰身上找到了它。

我不会在每次看到约翰时都有心动的感觉，也不会觉得我每天都与他合拍。有些日子，我们真的像黑夜中过往的船，但每一天我都选择爱他。当我有点太以自我为中心而忘记选择他的时候，他会提醒我他在那一端是什么感觉。在被理解之前，我练习理解他人。我伸展自己，谈论让我不舒服的事情，因为选择舒适而不是成长对我来说不再有吸引力。

和所有人一样，我只是一个边走边摸索的、没有条理的、不完美的人，即使这样，我也努力前行，通过我的个人旅程，通过那些信任我并向我展露内心世界的人们的主题和故事，分享我所学到的东西。作为独立的人，我们可能都有独特的地方，但我们对联结和令人深深满足的依恋关系的渴望如此相似。别的姑且不谈，我会致力于挑战人们，让他们以不同的方式思考他们对自己和浪漫关系的认识，并继续为那些在同一旅程中想为他们自己、他们的关系，进而为世界做出贡献的人们创建一个社区。

我们所看到的外界的事物，只是我们在家里看到的事物的整体反映。如果我们都致力于审视内心，练习自我关怀，挑战自己，以尽可能最好的、最宽广的方式去爱，那么世界的动态自然会随之发生变化。这样的人越多，我们越有可能成为更健康的伴侣、更健康的父母、更健康的员工和更健康的世界公民。所以，你要知道，你不仅仅是在为你一个人拓展自己、挑战自己，你这样做是为了每一个人。不要有压力。

附录一　爱情课程（纯饮[①]版）

和你一样，我们都有过多段长期关系、短期关系和异地关系，有过很多约会和状态恋情[②]，也经历过没有约会的时期。我们有过美满的恋情，也有过不那么美满的恋情。我们也曾被欺骗过、被拒绝过、困惑过、迷茫过、清醒过、开放过、狭隘过、矛盾过。我们爱过瘾君子，曾是个依赖共生者，在自己的很多问题中挣扎过（现在依然如此）。通过这段内心之旅，我们得到了一些启示。以下是十堂最重要的爱情课。我们将简短扼要地陈述它们，以免让你觉得拖沓或心怀困惑。

1. 爱情不是战场，你的头脑才是。

是的，爱情可能感觉就像蹑手蹑脚地穿过布满炸药的森林，这大概就是佩·班娜塔（Pat Benatar）写《爱情是战场》（Love is A Battlefield）这首歌时的感受。但归根结底，是我们两耳之间的一切——我们的想法、思维模式、定义、触发因素、不安全感、对自己的信念，所有这

① 纯饮（shot glass）：也称吞杯，容量很小，通常用于纯饮或饮烈酒，作一口饮。——编者注

② 状态恋情（situationship）：双方关系比友谊更进一步，而又未到浪漫恋情的状态。——译者注

些由我们的人生故事（包括以前的爱情经历）所塑造的东西——让我们有这种“爱情是战场”的感觉。破坏是真实存在的，但并非来自爱情本身，而是我们自己。“毒性”并非来自爱情，而是来自自我意识和工具的缺乏，来自关系的动态。嫉妒不是来自爱情，而是来自我们自身的不安全感。基于感受而非事实地妄下结论和臆断并非来自爱情，而是来自我们的认知扭曲[①]。

爱情不是战场，你的头脑才是。如果不是你的头脑，那就是对方的头脑，或你们两个人的头脑。正是存在于我们头脑中的东西，制造了我们身处战场的感觉。所以，要注意你的思维模式，质疑什么是真实的，什么是扭曲的，什么是你过去经历留下的残影。

2. 世上没有十全十美的事。

我们都想要一个完美的伴侣。如果这是你的目标，那么你将永远找下去。人无完人，这点你是知道的，但我们却一直在追求完美，这让我们评判他人、否定他人，并累积了很多“如果怎样将会怎样”的假设。我们已经学会抛开所有的定义、标签，以及我们所认为的“完美”。放弃“完美”会让你重获海洋，否则，你就只能在一个小小的塑料游泳池里钓鱼。

是的，我们对某些类型情有独钟，但重要的是要保持开放的心态。追求“完美”只会带给你与以往一样的经历，因为你对“完美”的定义没有改变。从上大学开始，我们就紧抓同一个定义不放，是时候把它扔进垃圾箱了。你不会在相同的经历中得到成长或进步。把“完美”从

① 认知扭曲（cognitive distortion）：一种心理现象，指个体在处理信息时对现实情况进行错误的解释或理解。——译者注

你的字典中删除，给自己一个新的体验。你要寻找一些以前你从未被吸引过的东西。你要寻找一些没有体验过的、新鲜的、不同以往的东西，它会为你打开一扇新窗口，让你学习、探索和发现。这才是爱情的意义所在——新的，而不是重复的。

3. 约会可以很有趣。

总的来说，约会很没劲，我们同意这一点，但约会也可以很有趣。真的，这是有可能的。我们经历过，就发生在我们身上！只要心态正确，约会也可以很有趣。人们在约会过程中犯的最大错误就是抱有期望。我们遇见、刷社交软件、发短信或视频通话，突然间，我们脑补了很多东西，想象对方是什么样子，想象对方在一段关系中、在床上、在我们的朋友身边，会是什么样子——如果是这样，我们就是在为失望做准备。

期望造成巨大的悬崖，一旦无法实现，你就会掉下去。问题是它们很有可能不会实现。所以，与其心怀期望，不如把注意力放在认识一个新朋友、聆听一个新故事、尝试一家新餐馆、参观一个新博物馆、看一场新电影等诸如此类的事情上。如果你们有“来电”的感觉，那是额外的收获。如果没有，那就享受愉快的时光。感激有人愿意了解你，愿意与你共度时光。约会不是为了寻找灵魂伴侣，约会是为了聆听新故事，获得新体验，暂时抛开其他一切。

4. 如果一个人对你摇摆不定，那就永远不值得投资。

恋爱已经够难的了。如果你必须说服一个人和你在一起，你觉得那会是什么样子？当一个人对我们摇摆不定时，我们自然而然地想说服对方他需要我们，因为这意味着我们是值得的，我们是被需要的，我们是有价值的。问题是，我们并没有考虑这种关系会是什么样子。让我们告诉你，这种关系将是短暂的。我们都已经学会不再追逐别人，因为这永远不会有结果。一个人不断地寻求肯定和认同，另一个人则会越来越感到厌烦。这就像蜡烛一样最终燃尽。你应该清楚地告诉对方，你们将共同向对方迈进，直到你们一起建立起一些东西，然后才能一起遨游爱的海洋。不要试图在矛盾的基础上建立什么。

5. 爱情是剥洋葱，不是咬苹果。

第一层不是爱情，而是迷恋、亲昵、情欲、联结、“来电”、心动，是所有这些可能性。只有一层一层剥开，直到你看到一个人的方方面面，接受他，拥抱他，选择去爱他，爱情才会发生。

我们都在寻找“瓶中闪电”，那种心有灵犀的感觉。但是只凭感觉并不能建立健康、持久、有意义的关系。我们与某些人有强大的联结，这很好，也很重要，但还需要去发现彼此更多的需求。一段可持续的关系需要的不仅仅是一见倾心。

爱就在于将我们一层层剥开，让我们看到一个完整的人，而不是这个人的某些部分。爱是紧握对方的手，与对方一起面对生活的风暴，并在此过程中学习、成长，一起对抗阻力及其触发因素，相互磨砺，共同提高。

6. 如果有人想和你在一起，你会知道的。

很多人会为他们不能建立一段关系找借口，这些借口可能是真的，但我们知道，如果有人真的想和你在一起，他们会把其他一切都抛到九霄云外。我们不是指那些做出坚定的健康的决定，不去追求有害关系的人。这是一件好事，而且经常发生。我们指的是那些口口声声说想和你在一起，却为自己没有做到找了一大堆借口的人，比如“我还没准备好谈恋爱”。

好吧，罢了。但如果你真的喜欢一个人，即使你还没准备好开始一段浪漫关系，你也不会和他们断绝联系。我们都渴望爱，也知道这种联结是多么难得，所以即使我们感到害怕或“还没准备好”，我们仍然会涉入水中，因为当涉及爱情时，逻辑总是被抛到一旁。是的，对亲密关系的恐惧确实存在，人们总是在破坏关系。我们害怕，猜测，犹豫不决。但如果有人真的喜欢你，你会知道的。他们会做出某种努力，他们会去尝试，去沟通。他们不会离开，不会躲藏，也不会飘忽不定。下次当有人说“我还没准备好”时，请注意他们真正想说的是“我没那么喜欢你”。

7. 没有人真的为一段关系“准备好”。

关系就像要孩子。你永远不会真正“准备好”。当你有感觉的时候，你就去做，让事情有所进展。为一段关系“准备好”到底是什么样子？关于浪漫关系的自助书籍、文章和研讨会共同炮制出一个假象：在你决定爱一个人之前，你的情感生活应该是什么样的。事实上，你不知道什么时候自己会遇到一个倾心的人；或者，你不知道什么时候会突然对某个你认识的人有了不同的看法，产生了浪漫的感觉。从我们两人对生活的了解来看，它会在你最意想不到的时候——还没“准备好”的时候到来。那么你会怎么做——拒绝恋爱的机会，只因为你在某处读到过，你需要“在某个特定的人生阶段正确地去爱”吗？人是动态的，总是在改变、学习、成长、经历挫折、跌倒、爬起、受伤、痊愈、放手、继续前行，没有“准备好”这回事，因为你永远不会完美。所以，尽你所有、尽你所能地去爱吧，就像我们的父母和他们的父母那样。

是的，你对自己投资得越多，你能创造的价值就越多，但这是一个持续的过程，永远不会停止。所以，“准备好”是不存在的。爱情是旋转木马，当你看到你想跳上去的那匹马时，你就跳上去吧。

8. 捧住爱。不要抓紧它。

我们喜欢这样的比喻：当我们开始一段关系时，我们会这样提醒自己，“张开双手，像捧着沙子一样捧住爱”。许多人抓紧了爱，爱却从他们手中溜走。抓紧的背后是控制、规划、定义和评判。人们认为抓紧爱意味着努力去爱，但事实恰恰相反。把爱想象成一只你想喂养的鸟，如果你追逐它，它一定会飞走；你越想抓住它，它逃得越快。但如果你只是把食物拿出来，鸟就会向你飞来。它越信任你，就会来得越频繁。爱情也是如此。它不是什么可以抓紧的东西。爱在于创造一个空间。爱在这个空间里成长。抓紧爱，便阻碍了它的成长，它会引发我们“战或逃”的反应。它会破坏信任，让我们逃离。

捧住爱。

不要抓紧它。

9. 你永远可以更努力地爱。

首先，你必须定义什么是“更努力”。更努力地爱并不一定意味着更关心别人。更努力地爱可能意味着给别人更多的空间，可能意味着审视你自己和你不健康的模式，可能意味着接受，可能意味着努力提升自己，可能意味着放手和离开，可能意味着不放弃。

问问你自己，对你来说更努力地爱是什么样子。你可以首先确认你是在给予还是在索取。许多人在索取的时候，误以为自己是在给予。如果你是用爱让自己感觉更好，你就是在索取；如果你是用爱来控制他人，你就是在索取；如果你是用爱来填补你自己的空缺，你就是在索取。而给予是与他人分享自己；给予是呈现一个完整的自己；给予是先审视自己的内心；给予是接受一个人真实的样子，并支持他们的人生故事。

10. 不要停止相信（爱是一段旅程）。

我们都被拒绝过，我们都受过伤，我们都曾心碎过，我们都经历过意想不到、毫无意义的结局。我们都曾被欺骗过，被操纵过，被丢下过。这些经历会追上我们，让我们不再相信爱，就像我们不再相信有圣诞老人一样；或者，让我们认为爱是一个我们必须选择远离的“热灶”。

但问题是，我们所相信的将决定我们前进的方向，不仅爱情如此，事事皆是如此。我们的信念决定我们的经历。如果我们不再相信爱，我们将永远体验不到我们梦想中的爱情，那么爱将只是一个想法，一张公告牌，一则广告。

因此，我们必须继续相信，全心全意相信，如果我们都不再相信，爱就会灭绝，我们就会变成空的易拉罐。即使不为我们自己，为了其他人，我们也要继续相信爱。

生活的意义在于爱。

爱教会我们如何生活。

附录二 致前任的信

我们有时要求客户做的一个简单但非常有效的练习，就是让他们给前任写一封信。写这封信不是为了寄出去，而是为了帮助客户把他们的感受表达出来，进行反思，并且可能会让他们找到承担自己责任的某种方式。把所思所感诉诸笔端具有很好的疗愈作用。把混乱的想法和感受倾吐出来，像完成 10000 块的拼图一样，把它们拼成一幅清晰的图画。梳理思想和感受的过程，可以为启示、洞见和原谅（原谅前任，也原谅自己）创造一个空间，有助于我们放下过去。

我们都做过这样的练习。以下是我们写给前任的信。

瓦妮莎致前任的一封信：

首先，我想说一声对不起。我很抱歉我没有意识到我的模式。我没有意识到我的潜意识与你的潜意识如何在一场看不见的战斗中僵持不下，以试图治愈那些我们彼此在一起永远无法治愈的创伤。我很抱歉，我没有以健康和清晰的方式表达自己的想法，而是在怨恨中煎熬。我很抱歉，我爱你是因为我认为你有可能成为我以为你可以成为的人，而不是因为真实的你。我很抱歉，每当我不知所措或感到恐惧时，我那些未经审视的依恋创伤就会让我退缩，在情感上抛弃你。我很抱歉，我没有意识到我是如何带着我的过去去爱你的。我很抱歉，我无法以一种不会让你觉得我在唠叨你或过度关心你的方式来传达我的需求。我很抱歉，我像一个唠叨的母亲一样过度关心你。我很抱歉，我的依赖共生问题导致我试图用情绪和语言操纵和控制你，以缓解我自己的焦虑。我很抱歉，我对招惹麻烦的恐惧，超出了我对坦诚表达自己真实感受的渴望。我很抱歉，我害怕被抛弃的创伤如此之深，影响了我向你坦露脆弱的能力，而最终，我们从来没有百分百地坦露自己的脆弱，只因为我没有这样的能力。如果我的无能让你也觉得坦露自己的脆弱不安全的话，我非常抱歉。

我还想说一声谢谢你。感谢你以你所知道的最好的方式爱我。感谢你跟我分享的所有欢笑，所有我现在珍视的美好回忆和经历。感谢你帮助我更全面地了解自己，并成为我人生旅程的一部分。感谢你给我的支持和鼓励。坦率地说，我也为我们的冲突感谢你。它对我的帮助比你所能知道的更多。

我希望你知道，对于这段关系的恶化，我愿意承担属于我自己的那部分责任。我不会诋毁你，也不会扮演受害者。我也不会承担超过50% 的责任，因为那不是我的。承担超出我的份额的责任，将会剥夺你的所有权。

我爱你，我希望你过上你能过上的最美好、最令人惊羡的生活。我希望你能找到或已经找到一种超乎你想象的深深的爱与接纳。我希望你能带着一丝甜蜜回顾我们在一起的时光。我希望你知道，我曾以我所能做到的最好的方式深深地爱过你。

爱你的瓦妮莎

约翰致前任的一封信：

这些信息像散开的拼图一样，没有名称，没有标记，没有特定的顺序。它们都是我的感受片段，是如果有机会，我会对我的前任们说的话。

对于我的第一段真正的关系，回首我们共度的时光，我心中只有感激。当你想结束这段关系时，我很难过，但我觉得是对的。我记得自己开着妈妈的香槟色凯迪拉克，听着绿日乐队（Green Day）的《彻底解脱》（*Good Riddence*），产生了一种接受和结束一切的感觉。十年后，当我们在嗜酒者匿名互诫会上偶遇时，你承认我们在一起时，你曾在一场音乐会上亲吻了别人。我没有感到生气或受伤，这让我意识到，人与人之间的关系会发生变化，而三年是一段很长的时间。你是第一个在我房间过夜的女朋友，为我父母接受我和非韩裔女孩约会奠定了基础。我们的爱是纯洁而真诚的。我很感激你曾是我浪漫关系的训练者，每当想起你，我只看到你笑容里的光芒。“这是无法预料的事情，但最终是对的。我希望你过得幸福。”

奥瑞冈，你的最后一封邮件让我崩溃。它让我非常受伤和困惑。我以为我们都已经释怀，但后来意识到你仍然没有。我不知道你对所发生的事情还有多少愤怒和怨恨，尤其是在十年互不来往，我们终于坐下来，你给了我告别式的拥抱，让我感觉一切对你来说都结束了，你真的希望我一切都好之后。我想这是公平的。我试着设身处地为你着想。我可以把发生的事情归咎于很多方面——我的思维模式、依赖共生问题、遗传的瘾癖、孩子气、缺乏自我意识——但归根结底，是因为我对你的咄咄逼人和不诚实。我很抱歉我在很多方面伤害了你。

如果这一生中只有一件事我可以穿越回去改变的话，那就是我们之间发生的事。我希望你和你的家人幸福安康。我会在远处永远祝福你们。

乔治娅，你是我用双手捧着的一只柔弱的小雀，后来却被我踩了一脚。你信任我，我却对你漫不经心，无所顾忌。我不知道我会以那样的方式结束这段关系。如果我让你感到不安全和不可爱，我很抱歉。或者，你也许意识到自己躲过了一劫。我记得你曾经对我说“你不快乐”，我记得当时我还为自己辩解，但你是对的，我并不快乐。我不知道这在多大程度上导致了我对那段关系的疏离。谢谢你对我如此温柔体贴，你让我觉得自己无所不能。说对不起并不能改变任何事情，我只想让你知道，你对我的生活产生了巨大的影响，我们的冲突提醒我，我需要在哪些地方付出努力。

弗洛丽达，我将把重点放在我们曾拥有的一切上面，而不是关系的最终走向。你以独一无二的方式俘获了我。当我想到我们的关系时，我总是会想到两个逃学的孩子。这很合理，因为我们的恋情建立在友谊的基础上。或许我们前世就是儿时的朋友，我们一起建造堡垒，一起愉快玩耍。我将永远珍视这一点，珍视我们的故事，它让我成为现在的自己。我不知道你今天如何看我，但我希望你没有任何憎恶或怨恨，我对你一点儿也没有，只有最美好的祝愿，愿你一切都好。

爱你们的约翰

致 谢

瓦妮莎

总的来说，我感谢很多人，尤其是以下这几位。

感谢劳拉·约克（Laura Yorke）和希拉里·斯旺森（Hillary Swanson）给我这个机会。感谢悉尼·罗杰斯（Sydney Rogers）推出这本书。我相信这是值得我们所有人骄傲的事情，而且永远都是！

感谢阿什利·托伦特（Ashley Torrent），她是我通往一切的大门，通向理解，通向治愈，通向帕西菲克市，通向我的原型自我。如果没有她，我不知道所有这一切，包括我，是否会是今天的模样。

感谢我过去的浪漫关系，感谢你们尽你们所能地爱我，感谢你们做我的镜子，让我有机会层层剥茧，了解我自己。

最后，感谢我的母亲，感谢她不惜一切代价让这艘船继续航行，感谢她教会我如何勇敢去爱，感谢她允许我有自己的声音和脾气，感谢她培养了我的好奇心和永不熄灭的愿望，让我能够坚持自己认为正确的事情。

约翰

非常感谢劳拉·约克几年前回复我的询问信，并出版这本书。当时我认为自己是一名失败的编剧，我把自己的一部分藏了起来。感谢你为我打开了大门，让那一部分展露出来。

感谢希拉里·斯旺森，不仅感谢你让我得到的所有打数①（准确地说是三次），还感谢你在看台上为我加油（你的友谊）。你一直是我的人生向导和精神导师，我很高兴你出现在我的生活中。

感谢悉尼·罗杰斯带着这只风筝奔跑，支持这本书。感谢你的指导，感谢你敏锐的眼光，感谢你相信爱可以是健康的，而且可以重建。如果没有你，我们不可能拥有这只在空中飞翔的风筝。

露西尔·卡尔弗（Lucille Culver），感谢你给予这本书的热情和信任。感谢你同时把这么多事情处理得又好又有趣。感谢你让营销不再像营销。当然，还要感谢你无与伦比的个人邮件。

感谢所有买过我的书、在社交媒体上关注我、在播客上听我胡言乱语或接受我推送的人，非常感谢你们。你们赋予了我人生的意义和目标，这是我在遇见你们之前所没有的。

① 打数（at-bats）：棒球运动中的一个术语，用于计算打击手的成绩。——译者注